Ensaiando a canção:
Paulinho da Viola e outros escritos

Eliete Eça Negreiros

Ensaiando a canção: Paulinho da Viola

e outros escritos

Ateliê Editorial

Copyright © 2011 by Eliete Eça Negreiros

Direitos reservados e protegidos pela Lei 9.610 de 19 de fevereiro de 1998. É proibida a reprodução total ou parcial sem autorização, por escrito, da editora.

Dados Internacionais de Catalogação na Publicação (CIP)
(Câmara Brasileira do Livro, SP, Brasil)

Negreiros, Eliete Eça
    Ensaiando a Canção: Paulinho da Viola e Outros Escritos / Eliete Eça Negreiros. – Cotia, SP: Ateliê Editorial, 2011.

    ISBN: 978-85-7480-537-5

    1. Compositores – Brasil 2. Paulinho da Viola, 1942- – Canções e música – Crítica e interpretação 3. Música popular – Brasil – I. Título.

10-06636   CDD-780.092

Índices para catálogo sistemático:

1. Brasil: Compositores: Apreciação Crítica
    780.092

Direitos reservados à
ATELIÊ EDITORIAL
Estrada da Aldeia de Carapicuíba, 897
06709-300 – Granja Viana – Cotia – SP
Telefax: (11) 4612-9666
www.atelie.com.br / atelie@atelie.com.br

2011

Printed in Brazil
Foi feito o depósito legal

*À memória de meu pai Eleafar Eça Negreiros
e de minha irmã Elisabete.*

Sumário

Abertura..11

I. PAULINHO DA VIOLA
1. *Para Ver as Meninas*: Tocando o Infinito................17
2. Melodia e Letra..33
   Introdução..33
   Samba e Fala..37
   Tessitura: Tensões e Distensões.......................41
3. *Pressentimento*: Arte e Vida, Duração e Brevidade........55
4. *Num Samba Curto*......................................59
5. Samba e Sabedoria......................................65
6. *Nervos de Aço*..73
   Comprimido...79
     A Mordida..82
     Enigma que Aponta para outra Canção..................88
     Estrutura Poética e Musical..........................89
     Cotidiano..96

7. As Vozes do Samba 115
   De Samba em Samba 115
   Um Pouco de História: O Samba Carioca 120
   Maldito-Bendito 128
   Samba de Sambar 133
   Comunhão 135
8. Pelo Telefone 137

II. OUTROS ESCRITOS
1. O Que É a Poesia? 145
   Buscando uma Definição de Poesia 145
   Seguindo a Senda de Bandeira 150
   Bandeira: A Poesia como Alumbramento 152
2. O Que É a Canção? 155
3. Cantar para Quem? 173
4. Alguém Cantando 189
   Introdução 189
   Luiz Tatit e O Cancionista 193
   Paul Valéry: Linguagem Utilitária e Linguagem Artística .. 195
   Poesia e Música: T. S. Eliot e a Música da Palavra;
       Manuel Bandeira e a Musicalidade Subentendida 200
   Canto e Fala: Luiz Tatit, Mário de Andrade, José Miguel
       Wisnik e Jean-Jacques Rousseau 208

Bibliografia 217
Discografia 221

Abertura

Este trabalho é fruto de muitos amores: da canção popular, da filosofia, da literatura e da minha grande admiração por Paulinho da Viola. Paulinho faz parte dos grandes compositores de música popular que se tornaram consagrados pelo valor, beleza e integridade de sua arte. A canção que me inspirou a escrevê-lo foi *Para Ver as Meninas*. Parti dela para estudar a linguagem, para procurar entender o que é poesia, para tentar entender o que é a canção e o que nos fala a canção de Paulinho. Das meninas a outros sambas, fui buscando encontrar certas temáticas presentes na intenção de conseguir traçar ao menos um primeiro esboço dos temas e procedimentos artísticos que vão configurar o universo do sambista, a sua poética. Parti da canção para a reflexão teórica e da reflexão teórica para a canção: canção e teoria dialogam e, espero, iluminam-se reciprocamente.

Certas canções nos inspiram a filosofar, certos pensamentos nos inspiram a cantar ou a compor canções. Embora sejam modos diferentes de expressão, já que uma das características do filosofar é o discorrer sobre as coisas do mundo e do cantar é sintetizar o mundo em poucas palavras, ambas as linguagens têm muita afinidade. Se pensarmos que tanto a filosofia como a canção são nossa expressão no e para o mundo, neste ponto elas se tocam. Se pensarmos no proceder de cada uma, aí elas se afastam.

Se quero refletir sobre o que é isso, a canção, a filosofia vem me dar a mão na busca de alguma resposta ou de alguma indagação. No momento em que canto, não penso. No momento em que canto, sou canção. Mas, depois, reflito sobre aquilo que aconteceu. O que é isto, cantar? De que matéria é feita a canção? O que é a canção? Aí surge a reflexão.

Diferentemente do livro, onde paramos para pensar quando alguma frase nos conduz à reflexão, na canção tudo é mais instantâneo, nem ela nem nós paramos para refletir. Arte do tempo, a canção acontece no fluxo temporal estabelecido pelo ritmo, pela melodia e pela atmosfera semântica e, assim, a reflexão fica sujeita ao tempo instaurado pela canção. Algumas canções criam uma temporalidade e uma atmosfera propícia à reflexão; são as "canções meditativas", que nos induzem a refletir durante e após a sua execução. A maioria das canções que escolhi neste trabalho pertence a este tipo, tem esta característica, esta afinidade com a filosofia.

Tinha eu um pouco mais de "catorze anos de idade, quando meu pai me chamou"[1]. Era um fim de tarde, estávamos na cozinha do nosso apartamento, eu e meu pai, ele ouvindo um radinho portátil, atento: "– Vem cá, minha filha, vem ouvir isto". Ficamos os dois em silêncio, mergulhados no encanto de uma voz que cantava: "As coisas estão no mundo, só que eu preciso aprender /

---

1. Paulinho da Viola, *14 Anos*, em *Na Madrugada*, Paulinho da Viola e Elton Medeiros, RGE, 1966.

As coisas estão no mundo, só que eu preciso aprender"². Quando a música acabou, o silêncio e o encantamento continuaram por ainda mais alguns instantes e, então, meu pai me disse: "– Presta atenção milha filha, este moço é muito bom". "E meu pai tinha razão"³. Foi assim que conheci Paulinho da Viola e desde então sua música passou a ser parte essencial da minha vida.

Paulinho da Viola é um dos maiores sambistas brasileiros. Suas canções sempre tiveram o poder de comover e fazer refletir e traduzem uma sabedoria acumulada através da vida, sintetizada num momento de criação. Ele ensina muita coisa cantando. Faz sentir e pensar. Assim como a literatura, a pintura. E a filosofia. Quando a gente lê, por exemplo, Rousseau, a gente não só pensa, mas sente o que ele está querendo dizer. Alguns filósofos nos comovem. Bem, foi Paulinho da Viola quem me inspirou a tentar navegar estes mares de agora. E como ele canta num samba: "Não sou eu quem me navega / Quem me navega é o mar"⁴, só espero saber deixar o mar-canção me navegar e, com o relato desta travessia, quem sabe, contribuir um pouco para quem, por ventura, quiser também fazer o mesmo.

Na primeira parte mergulhei na obra de Paulinho da Viola e escolhi alguns sambas. O critério que usei para a escolha foi pessoal e este é apenas um dos recortes possíveis da sua obra. Em *Para Ver as Meninas* me detive mais, e trabalhei à luz dos ensinamentos de Luiz Tatit. Nos demais sambas, fiz um trabalho de análise e interpretação mais livres, movida pela escuta das canções. Trabalhei um pouco como trabalho as canções que canto:

---

2. *Coisas do Mundo, Minha Nega*, em *Paulinho da Viola*, Emi Music Ltda., 1971.
3. Paulinho da Viola, *14 Anos*.
4. Paulinho da Viola e Hermínio Bello de Carvalho, *Timoneiro*, em *Bebadosamba*, BMG, 1996.

ouvindo com atenção, aprendendo com elas e deixando que me indiquem o caminho para abordá-las, e, assim, revelem, elas próprias, alguns de seus segredos.

Na segunda, me detive em questões gerais que constituem o universo da canção, me atendo mais ao seu aspecto literário, considerando a letra de música como um poema. O que é a poesia? O que é a canção? É em torno destas perguntas que gravitarão as reflexões aqui sugeridas.

Este trabalho é uma reelaboração do que foi originalmente minha tese de mestrado na Faculdade de Filosofia Ciência e Letras da Universidade de São Paulo. Quero agradecer ao Marcio Suzuki, pelos seus ensinamentos e sua atenção, a Marilena Chauí, pelo seu acolhimento, a Luiz Tatit, por seus livros e aulas, a José Miguel Wisnik, por seus escritos e aulas, ao Arrigo Barnabé, pela amizade e aprendizado musical, ao Eduardo Gudin, ao Joaquim Alves de Aguiar, pelas suas sugestões de leitura, à Viviana Bosi, pela leitura atenta e comentários, a Cristiane Negreiros Abbud, por seu afeto e entusiasmo, ao CNPq, pela bolsa de estudos concedida por ocasião do mestrado, aos queridos amigos Euthymia de Almeida Prado, João Augusto Figueiró, Márcia Soares de Almeida, Rita Taliba, Hebe Mancini Nicolau e Eliete Bindi pela presença afetuosa, à minha família, Odete, Estêvão e Paula pelo amor e apoio incondicionais, à Laurinha e Rafinha, pela alegria e, principalmente, ao Paulinho da Viola, por sua música essencial, por seu alento.

Agradeço ainda a Lila Rabello, Marcos Hermes, Mallu Magalhães, Warner Chappell Edições Musicais Ltda., Edições Musicais Tapajós Ltda., Editora Musical Arlequim Ltda., Musibrás Editora Musical Ltda. e Marola Edições Musicais Ltda.

I. Paulinho da Viola

Quem quiser que pense um pouco,
Eu não posso explicar meus encontros,
Ninguém pode explicar a vida num samba curto.

Paulinho da Viola

A linguagem é meu esforço humano. Por destino tenho que ir buscar e por destino volto com as mãos vazias.

Clarice Lispector

1. *Para Ver as Meninas*:
Tocando o Infinito

> *Como estar ao alcance dessa profunda medita-*
> *ção do silêncio? Desse silêncio sem lembrança de*
> *palavras.*
>
> CLARICE LISPECTOR, "Uma Aprendizagem
> ou O Livro dos Prazeres".

Em *Para Ver as Meninas*[1], Paulinho da Viola, com simplicidade e profundidade, traços marcantes de seu estilo, fala de sua decisão de fazer um samba diferente, um samba que não fale, como quase todos os outros, das dores de amor, dos desencantos da vida. Ele não quer fazer um samba comum.

Paulinho, em sua obra, não canta apenas o desencanto. Tem sambas de louvor à vida, de exaltação à Portela, sambas de "puro amor", sambas que são pequenas crônicas do cotidiano, sambas bem-humorados. No entanto, o desencanto e a impossibilidade da linguagem poética dar conta do que ele sente diante do mundo são temas presentes em suas composições. Suas belas canções, o modo decidido e delicado com que trata e sempre tratou nossos assuntos humanos, demasiado humanos, numa época em que a vaidade e a competição tomam conta da alma, onde o mundo parece um supermercado de produtos descartáveis, tendo em suas prateleiras valores e sonhos humanos em liquidação, faz com que,

---

1. Em *Paulinho da Viola*, Emi Music Ltda., 1971.

ao ouvi-lo, a gente escute também algo que não pode ser esquecido, a gente resgate coisas belas, sentimentos e valores delicados e humanos. Ouvir Paulinho é de certa forma, re-humanizar-se.

O dilema do artista que quer expressar algo que sua linguagem não consegue, a tensão entre a intenção de expressão e a linguagem, a consciência do limite da linguagem artística e o desejo de ultrapassá-lo, enfim esta reflexão sobre o fazer artístico é um dos elementos que me levam a ver um traço de modernidade nas canções de Paulinho. Ela está presente em outros sambas que ele compôs ou que interpreta. Vejamos alguns:

> Hoje eu vim minha nega
> Andar contigo no espaço
> Tentar fazer em seus braços
> Um samba puro de amor
> Sem melodia ou palavra
> Pra não perder o valor
> Sem melodia ou palavra
> Pra não perder o valor.
>
> *Coisas do Mundo, Minha Nega,* Paulinho da Viola[2].

> Quem quiser que pense um pouco,
> Eu não posso explicar meus encontros,
> Ninguém pode explicar a vida num samba curto.
>
> *Num Samba Curto,* Paulinho da Viola[3].

> Mandei meu dicionário às favas
> Mudo é quem só se comunica com palavras.
>
> *Mora na Filosofia,* Candeia[4].

2. Em *Paulinho da Viola*, Emi, 1968.
3. Em *Paulinho da Viola*, 1971.
4. *Idem, ibidem.*

Merleau-Ponty, no livro *A Linguagem Indireta e as Vozes do Silêncio*, diz que é da própria natureza da linguagem o querer significar algo fora de si e ficar presa em sua própria rede de significações: a linguagem, querendo falar do mundo, imprime nele sua marca e acaba por falar de si mesma. A linguagem já não é espelho do mundo, é espelho de si mesma e é neste autoespelhamento, neste labirinto de reflexos que está, paradoxalmente, sua opacidade. Nos sambas do Paulinho isto está presente de forma poética na tensão que se estabelece entre a intenção de expressão e a expressão, entre o artista e a linguagem, na consciência do limite da expressividade da linguagem artística. O artista, ao tentar dar forma a algo ainda obscuro que se movimenta em seu interior, vê frustrada, em parte, sua intenção ao perceber que os instrumentos que usa para seu trabalho acabam por falar por si mesmos e de si mesmos. O poeta não consegue fazer transparecer completamente sua intenção; a opacidade da linguagem está nesta impossibilidade que ela tem de sair de si mesma. O artista quer falar, busca instrumentos para fazer ouvir sua voz, mas os instrumentos falam por si. Além disso, há o enigma do mundo, o que não pode ser dito pela simples razão de ser um enigma. Há o silêncio que nos envolve desde que nascemos. Há o eterno silêncio para a eterna pergunta: quem somos nós? De onde viemos? Onde estamos? Para onde vamos? Em meio a uma linguagem falante por si mesma e ao eterno enigma do mundo, o poeta lança sua voz, constrói sua obra e faz do dilema um tema de sua poética. Como escreveu Clarice Lispector: "A linguagem é meu esforço humano. Por destino tenho que ir buscar e por destino volto com as mãos vazias"[5].

Em *Para Ver as Meninas*, o poeta vai, com palavras simples e cotidianas, aliadas a uma bela melodia, a uma harmonia discreta

---

5. Clarice Lispector, *A Paixão Segundo G.H.*, Rio de Janeiro, Editora Sabiá, 1964, p. 213.

e ao ritmo sincopado do samba, desenhar um percurso sonoro na tentativa de expressar algo que transcenda a trama de sons e sentidos que envolvem sua vida passada e que o leve a dar um salto do finito ao infinito:

> Silêncio, por favor,
> Enquanto esqueço um pouco a dor do peito,
> Não diga nada sobre meus defeitos,
> Eu não me lembro mais quem me deixou assim.
>
> Hoje eu quero apenas
> Uma pausa de mil compassos
> Para ver as meninas
> E nada mais nos braços
> Só este amor, assim descontraído.
>
> Quem sabe de tudo, não fale,
> Quem não sabe nada se cale
> Se for preciso eu repito:
> Porque hoje eu vou fazer,
> Ao meu jeito eu vou fazer,
> Um samba sobre o infinito*.

O samba começa com um pedido de silêncio. O poeta quer se esquecer de seu passado, de sua vida triste e inaugurar um marco zero a partir do qual irá criar um novo modo de ser, um novo samba, um samba que vá além das limitações cotidianas, que vá além de um mundo limitado e aflitivo. Espinosa, no livro III da *Ética*, falando sobre as paixões tristes e as paixões alegres, nos diz que as paixões tristes são aquelas que nos diminuem, que diminuem a nossa vontade de viver e as alegres, aquelas que nos aumentam,

---

* Paulinho da Viola, *Para Ver as Meninas*, Warner Chappell Edições Musicais Ltda. Todos os direitos reservados.

que aumentam a nossa vontade de viver. O amor, para ele, é uma paixão alegre porque nos aumenta, porque aumenta esta nossa força vital e nesta medida, penso eu, coloca-nos mais próximos do infinito. Se pensarmos que tudo aquilo que nos prende, nos entristece, nos limita é o finito, então tudo o que nos liberta, nos alegra, tudo o que rompe nossas limitações é o infinito. Dentro desta concepção simples de infinito, o projeto do poeta, com sua linguagem elegante e sem excesso, sua voz calma e decidida, sua aparente humildade é de uma grandiosidade estonteante: ele quer simplesmente se libertar através do samba, e atingir, nada mais, nada menos, que o inatingível. Transcender, dizer o indizível, cantar o incantável. Será que o samba tem este potencial metafísico de ir além do visível e de nos permitir tocar o invisível, o incomensurável? Os místicos, com sua simplicidade de vida, despojados de bens materiais e seminus, alcançam o infinito concentrando-se em si mesmos e fechando os olhos. Por que então, um sambista, com seu violão e sua alma, não poderia fazer o mesmo?

O tema deste samba é a criação de um outro samba, um samba diferente, onde não sejam usados os elementos que compõem o samba comum, a dor de amor e suas inúmeras, dolorosas e previsíveis variantes. O compositor quer fazer uma pausa, apagando as lembranças do quadro-negro da memória, para ter liberdade de criar um outro traçado. Ele quer, a partir de um papel em branco, escrever e iniciar uma nova estória, um novo samba, fazer um novo desenho.

Dividi *Para Ver as Meninas* em três momentos. No primeiro, o poeta faz um pedido de silêncio e uma confissão de seu desencanto do mundo e de seu desejo de esquecer a dor; no segundo, fala do silêncio necessário à contemplação – "uma pausa de mil compassos" e do objeto de sua contemplação – as meninas. E no terceiro fala do ato de criação de um samba diferente – "Porque hoje eu vou fazer / Ao meu jeito eu vou fazer / um samba sobre o infinito". É um samba que fala de si mesmo e que, ao falar de si, está sendo criado. É uma obra que se autocomenta e que revela os diversos momentos de sua criação. Esses três momentos, silêncio, contemplação e criação, fazem parte de uma totalidade, este samba. Sob este ângulo, *Para Ver as Meninas* é uma composição sobre o ato de compor.

Na primeira estrofe, primeiro movimento e primeiro verso, há um apelo de silêncio. O silêncio é o ato fundador, o marco inaugural deste samba. Nos versos seguintes, o poeta fala de seu desencanto do mundo e do desejo de esquecer a dor:

> Silêncio, por favor,
> Enquanto esqueço um pouco a dor do peito,
> Não diga nada sobre meus defeitos,
> Eu não me lembro mais quem me deixou assim.

A linguagem aparece como memória, como história, como possibilidade de continuidade do mesmo enredo da vida e o silêncio como esquecimento, como presente, como ruptura e descontinuidade, como morte do passado. O silêncio enquanto morte do passado traz em si a possibilidade de um renascimento.

Um dos sentidos do pedido de silêncio é o respeito à dor da morte de alguém. Só que diante da morte o silêncio não é esquecimento e sim lembrança. Vale citar a primeira estrofe do samba *Luto*, de Nelson Cavaquinho, Guilherme de Brito e Sebastião Neves:

> Respeite a minha dor,
> Não cante agora,
> Perdi meu grande amor
> Faz uma hora,

> O seu gesto é muito feio,
> Você deve respeitar o mal alheio,
> Eu também já fui feliz até que um dia
> O luto envolveu minha alegria.

Aqui o pedido de silêncio é uma atitude em sinal de respeito pela dor causada pela morte de alguém amado. No samba do Paulinho não. Não se trata do luto pela morte de outro ser querido, mas da tristeza que envolve a morte de uma estória de vida. É da morte de uma parte da alma do próprio poeta, daquela parte da alma que, ao se lembrar do que viveu, sofre, lamenta-se e quer se esquecer; é dessa morte que o poeta fala e se o sentimento do luto pode estar aqui presente ele se refere, então, a essa morte desejada pelo poeta: a morte da parte sofredora de sua alma.

O silêncio aparece, então, como um apelo para que o poeta possa se esquecer da dor e da imperfeição e, assim, recomeçar uma outra vida. Surge como ponto final e início de uma nova trajetória; morte do passado e início de uma vida nova; morte e desejo de renascimento. Mas quando o poeta canta que quer se esquecer da dor, ao cantá-la já está se lembrando dela. O silêncio é dito e não calado. O paradoxo – falar do silêncio – que surge no primeiro verso do samba é um dos elementos essenciais da construção desta canção e podemos mesmo dizer que o paradoxo é um elemento nuclear da estrutura deste samba.

O sambista quer mudar de direção, de modo de viver-ver a vida, de compor o samba. Há uma analogia entre samba e vida, pois quando ele está falando do samba, está, ao mesmo tempo, falando da sua vida e, quando está falando da vida, está falando também do samba. Estas duas palavras se misturam a tal ponto que passamos de uma para outra sem nos darmos conta disto. Esse samba é uma confissão de desencanto e uma profissão de fé. Diante do desencanto, ele quer mudar seu estado de espírito e buscar um estado mais transcendente. Quer mudar seu projeto de vida.

Como já foi dito, o paradoxo alimenta o samba do início ao fim, pois dizendo que quer esquecer "da dor do peito", ele não só a lembra como também utiliza este tema que é comum num samba que se quer incomum. Canta as coisas que não quer cantar: dizer que não quer dizê-las já é as estar dizendo. O grande dilema deste samba é o desejo de alcançar o infinito com referências finitas marcadas na alma do poeta, o desejo de apagar a memória. Talvez esse desejo de esquecimento não encontre eco nem suporte diante da força de sua memória afetiva. Talvez seja um desejo impossível. O paradoxo vai tecendo o corpo sonoro de *Para Ver as Meninas*: falar do silêncio, esquecer o que é lembrado.

Vejamos a segunda estrofe do samba:

> Hoje eu quero apenas
> Uma pausa de mil compassos
> Para ver as meninas e nada mais nos braços
> Só este amor assim descontraído.

Neste trecho o sambista vai dizer o que quer e reitera e amplia seu desejo de silêncio, quer "uma pausa de mil compassos". O poeta quer um silêncio imenso e imensurável na sua poética mensurabilidade. Esta imagem poética nos comunica o tamanho do silêncio necessário para apagar o passado. Dentro deste silêncio desértico, ele quer apenas olhar, ver e amar. Contemplação muda, amor sem desejo de posse – "Só esse amor assim descontraído". Silêncio, vazio e neste imenso nada surge a imagem das meninas: o sambista quer contemplá-las. Há aqui um sentimento amoroso que tem uma tonalidade especial: é um sentimento delicado, pois o poeta não quer possuir o objeto de sua inspiração e de seu amor, ele quer apenas contemplá-lo. É um amor desapegado. E esse sentimento de amor é profundo, vago, de tonalidade sutil e ampla, um amor azulado como azulado é o infinito. Não se trata do amor que causa "dor do peito", do amor vermelho da paixão, do amor que provoca desejo de posse, mas sim do "amor descontraído", amor livre do apego, amor contemplativo que se satisfaz com o olhar: contempla o objeto amado, fonte de sua inspiração e se compraz e se deleita assim. Um amor descontraído, que não se tensiona nas malhas do desejo de possuir o objeto amado, pois não deseja possuir nada – "e nada mais nos braços" – deseja apenas e mais que tudo contemplar sem apego.

E o que ele deseja ver? As meninas. Ele deseja ver o feminino que ainda não se transformou em mulher. O objeto amado – as meninas – confere um tom ainda mais puro a este amor e talvez esta pureza seja uma das qualidades deste sentimento que poderá ajudá-lo a dar o salto do finito ao infinito, a fazer sua ligação com a transcendência. O poeta vai mostrando os passos que vai dando em direção à criação do samba e à recriação de sua vida.

Há aqui uma tensão entre a palavra e a imagem, entre o dizer e o ver. Parece que a palavra, o dizer, estariam vinculados à linguagem verbal, que traria em si a memória, o passado; já a imagem, o ver, estaria vinculada à linguagem visual, que traria em si o esquecimento, o primado do presente, da presença, início de uma nova linguagem, início de um novo samba. Quando como contraponto à palavra ele indica o olhar, é como se indicasse a possibilidade de um olhar originário, inocente, sem história, um olhar presentificado que inaugurasse, naquele instante, um novo mundo, um novo samba, um samba inocente. A inocência e a pureza exalam de sua inspiração, as meninas. Um presente eterno, um presente infinito, um presente inocente. Talvez uma nova percepção do mundo, onde o tempo ficaria suspenso: um momento de eternidade, quem sabe.

Tensão entre o dizer e o ver: a linguagem do poeta é a palavra, é com ela que ele se exprime. No entanto, ele está colocando em questão a capacidade expressiva de sua própria linguagem para atingir sua intenção, para realizar sua criação. Durante todo o samba, ele pede, obsessivamente, por silêncio. É como se um pintor nos dissesse que o material de que dispõe – as cores, as tintas, os pincéis, a tela – é incapaz de mostrar o que ele está querendo expressar e nos dissesse isso usando estes mesmos materiais, expressando com eles, através de formas e cores, seu desejo de pintar o vazio, ao mesmo tempo em que está preenchendo o vazio da tela com formas e cores. Já falamos desse dilema do artista. Só que aqui, como contraponto à limitação da palavra, o poeta nos indica o olhar.

Jean-Jacques Rousseau, no *Ensaio Sobre a Origem das Línguas*, diz que a argumentação muda da imagem tem muito mais força expressiva do que a palavra. Rousseau dá uma série de exemplos extraídos da Antiguidade onde mostra que a eloquência muda do gesto diz mais que a palavra e conclui: "Assim, fala-se bem melhor aos olhos do que aos ouvidos"[6]. Mas quando falamos de nossas paixões, diz ele, uma coisa diferente acontece: "Porém, quando se trata de emocionar o coração e de inflamar paixões, a coisa é diferente. A impressão sucessiva do discurso, que age através de golpes redobrados, oferece-nos uma emoção bem melhor do que a presença do próprio objeto, diante do qual, com um olhar, tereis visto tudo"[7].

---

6. Jean-Jacques Rousseau, *Ensaio Sobre a Origem das Línguas*, trad. Fulvia M. L. Moretto, Campinas, Editora da Unicamp, 1998, p. 112.
7. *Idem*, p. 113

Neste samba, a linguagem das palavras aparece ligada à linguagem das paixões e, talvez por isso, o poeta peça silêncio: ele quer silenciar as vozes da paixão e por meio da contemplação criar uma ponte para o infinito. É na contemplação que a imagem ganha força e a palavra se transforma em obstáculo. É através do olhar que ele tenta a transcendência.

É incrível notar como a presença do silêncio e, portanto, o desejo de ruptura com a palavra e, ainda mais, com a sonoridade marca radicalmente o samba do início ao fim. E estamos falando da criação de música, de sons. Se, por um lado, posso pensar que a linguagem verbal, pela sua própria constituição, busca significar, isto é, recortar, traçar, criar sentido, e que por isto se revela inadequada ao projeto do compositor, por outro, o som musical, ainda que demarque limites, tem uma grande amplitude significativa, se é que podemos falar em significação do som, pois a linguagem musical é, por sua natureza, indizível, e ainda que possa ser traduzida, sempre se tratará de uma tentativa aproximada de significação, já que a abstração e a ambiguidade são elementos de sua constituição. Então, o som musical, inefável, sem as palavras, poderia ser o veículo para a realização do projeto deste samba. Mas não é isto o que nos diz o sambista neste momento: ele quer uma pausa de mil compassos, portanto, ausência de palavra e de som musical. E, aqui, outra vez, o paradoxo: ele quer uma pausa, fazendo uma melodia.

Nos três primeiros versos da terceira estrofe, novamente, o poeta pede, ou melhor, ordena silêncio:

> Quem sabe de tudo, não fale,
> Quem não sabe nada, se cale,
> Se for preciso eu repito.

Reiteração obsessiva do pedido de silêncio, que por si só cria uma tensão emocional, que é reforçada musicalmente pela agudização da melodia. Ao mesmo tempo, não há aspereza, a voz do cantor não aumenta o volume, a emoção não é derramada sobre o ouvinte. O poeta repete quantas vezes for preciso sua intenção, sem perder a paciência, sem perder a elegância.

E o leque de nuances do silêncio vai se ampliando: o silêncio dos que sabem, o silêncio dos que não sabem. Neste projeto não é o saber que está em questão. Talvez se trate mesmo da tentativa radical de encontrar uma outra expressão, fruto de uma nova percepção do mundo.

E nos três últimos versos desta estrofe e do samba, ele revela duplamente – "eu vou fazer" – sua intenção:

> Porque hoje eu vou fazer,
> Ao meu jeito, eu vou fazer,
> Um samba sobre o infinito.

É na última estrofe que o poeta revela o sentido do samba: a criação de um samba original, que transcenda as tramas emocionais e os temas cotidianos do samba comum, e que transporte o poeta, e nós com ele, a uma amplidão cósmica.

Cercado de silêncio e em meio a uma pausa de mil compassos, neste espaço silencioso, desértico e imenso, o poeta busca uma nova linguagem que lhe permita exprimir o inexprimível, o que escapa ao saber e ao não saber, o que transcende o mundo dos nomes, das palavras, o indizível que palpita no coração do poeta e do mundo: faz um samba sobre o infinito.

Para Ver as Meninas toca com muita delicadeza e determinação neste tema: na intenção de criar um samba novo, que nos fale de um mundo ilimitado que é percebido pelo olhar, sufocado pela palavra e libertado por ela, já que é através da palavra que o poeta nos mostra a sua limitação e a sua busca de transcendência. Paulinho aponta o limite da linguagem e o seu desejo obstinado de buscar superar este limite. Quase se pode dizer que ele já começa o samba questionando sua linguagem, já que inicia pedindo silêncio. A tentativa de exprimir algo ilimitado com instrumentos limitados, o paradoxo de dizer o que quer calar, de repetir o que quer inovar, gera a tensão que vai se desenvolvendo no samba e que se resolve na decisão da criação de um novo samba, que contemple o mundo com um novo olhar, um samba que vá aquém e além das palavras, um samba sobre o infinito.

É interessante pensar como o infinito nos remete ao silêncio. Quando pensamos no infinito espaço cósmico, com todo seu esplendor e grandeza, nas infinitas estrelas reluzentes e silentes, nos planetas em suas órbitas, em sua dança silenciosa, na maravilhosa imensidão do espaço, ficamos neste estado de contemplação muda: o olhar maravilhado num instante de profundo silêncio; estar quieto e só e pleno sob um imenso céu estrelado.

E se pensarmos na palavra "sobre" em seu sentido literal, o de colocar alguma coisa em cima de algum lugar, podemos dizer que Paulinho cria um imenso espaço vazio, "uma pausa de mil compassos", e que é sobre este vazio, sobre este infinito que ele vai construir seu samba, assim como o arquiteto Niemeyer criou as novas e belas formas de Brasília sobre o vazio do cerrado e sob a imensidão da abóbada celeste. O vazio é ausência de forma e, ao mesmo tempo, possibilidade de todas as formas, assim como o silêncio é ausência de som e também possibilidade de todos os sons. O vazio é o silêncio espacial, o silêncio da forma. Vazio e silêncio: momento que antecede à criação.

O modo pelo qual o poeta tenta acercar-se do infinito é um modo negativo: seu primeiro passo é o silêncio, o não dizer, e o esquecimento, o não lembrar. Esquecer a dor, a imperfeição, a mágoa. Assim o poeta nos diz o que este samba não é: não é um samba sobre a dor de amor, o sofrimento; ele não vai se lamentar nem culpar ninguém pelo seu sofrimento. Por isto este não é um samba comum, porque tudo que ele diz que não vai fazer é o que a grande parte dos sambistas faz: cantar a matéria-prima da vida cotidiana, que é por excelência a matéria-prima do samba, cuja temática é quase sempre pessoal e passional.

Este é um samba tecido de negações e de paradoxos: diante da palavra, o poeta quer silêncio, diante da música, pausa. Ele quer tecer um samba sem melodia ou palavra, um samba pelo avesso, feito de silêncios que dialogam entre si e se fundem no desejo de negar a palavra e a música, de negar a sonoridade. Ele parece indicar que é por meio da negação da sonoridade que conseguirá dar seu salto rumo ao infinito. Mas quando ele diz que não quer fazer um samba comum, já o está fazendo, pois acaba dizendo aquilo que queria silenciar. Quando diz que não quer palavras nem música, está usando palavras e música: este samba silente é sonoro e por mais que queira negar a palavra e a música, sua fibra é tecida de palavras e de música. Este paradoxo, querer não falar de algo, falando, querer fazer silêncio através do som, alimenta todo o samba. Há um certo contrassenso, um certo absurdo poético que consiste em querer falar do indizível e que revela uma tensão presente no samba e na vida: o desejo e a impossibilidade de exprimir o inexprimível, de tocar o intocável, de abraçar o infinito, de fazer um samba silente.

Podemos ver nos três momentos do samba – o pedido de silêncio para esquecer a dor, a contemplação das meninas e o desejo de fazer um samba sobre o infinito, uma ascese em direção ao mais elevado, ao espiritual: partindo de impressões emocionais e despreendendo-se delas por meio da contemplação do belo, o poeta busca o infinito, a transcendência. No desenho deste caminho em direção ao alto, outra vez nos deparamos com um paradoxo: o momento mais elevado do texto – o infinito – é o momento mais grave da melodia; enquanto ele nos diz que quer alcançar o mais elevado, a linha melódica caminha exatamente na direção oposta. Mas talvez este seja um paradoxo aparente, pois podemos pensar que o mais elevado se atinge mergulhando no mais fundo, isto é, mergulhando no interior do próprio sujeito é que se poderá atingir a elevação.

Este sentimento de infinitude e a dificuldade de expressá-lo, de compreendê-lo, pois cada vez que tentamos expressá-lo já estamos criando uma limitação e, assim, ele nos escapa, pois deixa de ser infinito, acho que isto faz parte de nossa condição humana: querer tocar o infinito, vislumbrá-lo e não alcançá-lo, pois cada vez que tentamos tocá-lo, alcançá-lo, o perdemos, pois por sua própria natureza ele é inalcançável. O desejo de transcendência é o coração deste samba. Este movimento em direção ao infinito, esta dança ascensional de libertação da alma poética, é o movimento que anima este samba, é a *anima* de *Para Ver as Meninas*.

2. Melodia e Letra

> *[...] porque letras e melodias formam um nó luminoso e inextricável em que se condensam certas situações intersubjetivas, intensificadas num momento determinado, mas disseminando vestígios narrativos que concentram, no breve instante da canção, vivências de longo curso, porções inteiras de vida, muitas vezes captadas numa expressão comum, imantada por um novo sentido.*
>
> José Miguel Wisnik[1]

INTRODUÇÃO

Na canção, diferentemente da fala, há uma forma que permanece e é ela que vai produzir e reproduzir o estímulo estético. Como diz Luiz Tatit em suas aulas, "uma canção é alguém dizendo alguma coisa de uma determinada maneira". O que é dito é o texto, o modo de dizer, a melodia. Segundo ele, a melodia é uma espécie de desenvolvimento da musicalidade inerente à fala, à entoação.

Tatit diz que a ideia de ir atrás de um objeto nos persegue o tempo todo. Na medida em que há um distanciamento entre sujeito e objeto, inclusive para que ambos possam se diferenciar e se constituir enquanto tal, o sujeito constrói um percurso para encontrar o objeto desejado e é este movimento do sujeito em direção ao objeto que dará sentido ao seu percurso:

---

1. José Miguel Wisnik, "O Artista e o Tempo", *Songbook de Chico Buarque*, Almir Chediak, Rio de Janeiro, Lumiar, vol. 2, p. 10.

a busca de conjunção com o objeto desejado é que vai gerar o sentido que está por trás da melodia e do texto. Segundo ele, a semiótica, ciência de reconstrução do sentido, vai nos mostrar como este sentido foi construído e nesta reconstrução há três procedimentos: tematização, passionalização e figurativização. José Miguel Wisnik sintetiza-os em seu ensaio "Cajuína Transcendental":

> Segundo Tatit, na tematização predominam os ataques consonantais e a regularidade interna dos motivos melódicos e rítmicos, enfatizando um objeto decantado. Na passionalização, predomina o alongamento das vogais e o tensionamento do campo das alturas, enfatizando o próprio sujeito colhido na instância emocional das distâncias e aproximações, encontros e desencontros. A figurativização encena no ritmo e na melodia as instabilidades características da fala. Os três modos não se excluem nas canções, mas se combinam com predominância maior de um ou outro[2].

Agora iremos analisar a relação entre melodia e letra em *Para Ver as Meninas* à luz dos ensinamentos de Tatit.

O samba é composto por três partes que praticamente não se repetem (só a terceira parte, que é uma espécie de refrão, irá se repetir na segunda vez que a canção é cantada por Paulinho da Viola). A melodia do samba é sinuosa: desenhos melódicos ascendentes e descendentes alternam-se, sem predominância de nenhum deles, sendo que no final da canção o contorno melódico é acentuadamente descendente (quadros 14 e 15).

No início, o desenho melódico tem poucas notas e elas são longas:

---

2. José Miguel Wisnik, "Cajuína Transcendental", em Alfredo Bosi, *Leitura de Poesia*, São Paulo, Editora Ática, 1996, p. 219.

Exemplo 1

No decorrer do samba, a melodia ganha desenvoltura, forma frases mais longas com notas mais breves, o que lhe dá agilidade:

Exemplo 2

Esta fluência é detida pela presença, outra vez, de notas de longa duração:

Exemplo 3

E, na sequência, o desenvolvimento melódico e ágil é retomado. Então, entre a desaceleração provocada pelas poucas notas de longa duração e a aceleração provocada pelas frases maiores, sinuosas e ágeis, vai sendo tecido o corpo deste samba.

A sinuosidade do desenho melódico, que é constituída pela presença de tons próximos, é quebrada pela presença de saltos intervalares, que criam a sensação de dilaceramento do tecido musical, dilaceramento este que também está presente no texto da canção, pois, a primeira aparição deste rasgo do tecido sonoro acontece exatamente quando a palavra cantada diz "a dor do peito" (quadro 2). Os demais saltos aparecem em "meus defeitos" (quadro 3); "assim" (quadro 4); "quero" (quadro 5); "descontraído" (quadro 9); "Quem sabe" (quadro 10) e "repito" (quadro 12).

A melodia longa, praticamente sem repetição de motivos ou frases, encontra na letra um espelhamento, pois as rimas surgem de modo irregular, ora no final das frases, ora no meio delas. E mais: assim como no texto as rimas irregulares constroem uma estrutura poética não muito rígida, na melodia, algumas estruturas musicais simétricas, mas em alturas diferentes, fazem o mesmo. E estes procedimentos acabam por ajudar a fixar o perfil melódico e poético do samba, que é o de uma estrutura flexível:

Exemplo 4

A repetição acontece de forma reiterada na última estrofe: "Quem sabe (de tudo)" e "Quem (não) sabe (de nada)"; "(Porque hoje) eu vou fazer" e "(Ao meu jeito) eu vou fazer". Há também uma repetição semântica: "não fale" e "se cale". Podemos ver aqui, no nível textual, um procedimento similar à repetição de estruturas melódicas em alturas diferentes, já que aqui ela também não é totalmente igual.

Em *Para Ver as Meninas* vamos ter, melodicamente, as seguintes características:

1. notas de longa duração, que criam uma parada no fluir melódico, uma desaceleração;
2. movimentos melódicos ágeis, com pequenas distâncias intervalares, que criam um fluxo natural melódico, que aproxima o canto da fala;
3. grandes saltos intervalares, que criam uma forte tensão que rasga o tecido sinuoso da melodia;
4. ausência de repetição das partes, o que cria uma aproximação do canto com a fala, já que a repetição é um dos recursos mais importantes para a fixação da forma-canção;
5. momentos de agudização, que coincidem com os momentos de maior tensão do texto;
6. momentos de descendência, do agudo ao grave, que coincidem com os momentos em que o poeta assevera algo.

Estes elementos configuram neste samba dois procedimentos que se alternam e se iluminam: a figurativização e a passionalização. A figurativização, pela sua proximidade com os elementos da fala; a passionalização, pelas notas de longa duração que, desacelerando, valorizam o percurso melódico, pelos saltos intervalares, que com a mudança súbita das frequências, cria um estado de tensão e pela agudização de certos trechos da canção, que também atuam no sentido de aumentar a tensão.

Vamos examinar mais detalhadamente alguns pontos.

SAMBA E FALA

Vou novamente me remeter ao texto de *O Cancionista*, de Tatit, para abordar a questão da proximidade deste samba com a fala.

A fala é geralmente irregular, espontânea e, quanto à sonoridade, descartável. *Para Ver as Meninas*, como vimos, não tem um fraseado simétrico, pois frases longas se intercalam a frases curtas e o número de sílabas, mesmo nas frases de tamanho parecido, varia. Há um tom de espontaneidade no texto que faz com que ele pareça não ter sido elaborado, embora não seja esse o caso. Há uma dinâmica expressiva na qual o canto parece ser natural – irregular e espontâneo – e que, por isso, o aproxima da fala. Vejamos a primeira estrofe:

> Silêncio, por favor,
> Enquanto esqueço um pouco a dor do peito,
> Não diga nada sobre meus defeitos
> Eu não me lembro mais quem me deixou assim.

Ritmo e tamanho das frases assimétricas, irregulares. Rimas também. A primeira sílaba do verso – SIL – sugere o som do silêncio, do "psiu", que ecoará em momentos e posições diferentes nesta estrofe (ES- qu-EÇO, m-EUS, defeit-OS, ma-IS, a-SSI-m). Esta sibilação reforça sonoramente o sentido do pedido de silêncio. Assimétricas são as rimas POR, favOR e dOR; PEITO e defEITO; MAIS e ASSIM. Esta assimetria, esta irregularidade vai fazer com que a letra do samba se aproxime de um terreno híbrido entre a fala e o poema. Assim, será a melodia que irá estabilizar a letra da canção e a assimetria das frases que vai aproximar o canto da fala. Neste meio-fio entre a estabilidade e a instabilidade Paulinho se equilibra e constrói seu samba.

Do ponto de vista melódico, a irregularidade está na ausência de repetição de motivos e também na irregularidade do fraseado que se manifesta principalmente na variação entre frases longas e curtas, sem nenhuma aparente organização, o que faz com que a música se aproxime da melodia da entoação, da fala. A regularidade está presente no ritmo do fraseado do samba, no encadeamento harmônico e na batida sincopada. Vejamos, como ilustração, o fraseado melódico da primeira parte:

Exemplo 5

Na segunda parte, o texto diz assim:

Hoje eu quero apenas
Uma pausa de mil compassos
Para ver as meninas
E nada mais nos braços
Só este amor assim descontraído.

Temos aqui o mesmo procedimento – regularidade e irregularidade – nas rimas. Só que predomina a regularidade, pois nos quatro primeiros versos as rimas seguem uma ordem – A, B, A, B – ordem que é totalmente quebrada pelo último verso, que além de não ter rima, é muito maior que os anteriores. O tamanho dos versos é irregular: o primeiro tem cinco sílabas, o segundo, oito, o terceiro e o quarto, seis e o último, dez. Esta irregularidade aproxima o texto da fala. Se na primeira estrofe há um quase resvalar para o universo da fala, mas a fala se estabiliza na melodia e se faz canção, aqui a melodia é quase absorvida pela fala do poeta, mas desgarra-se desta e se sobressai e se constitui enquanto melodia, com seu fraseado ora longo, ora curto, parecendo não seguir nenhuma ordem senão a da expressão do compositor, expressão que está sendo revelada a nós, ouvintes, tanto pela escuta do samba quanto também pela nossa participação como espectadores de seu processo de criação, de seu fazer artístico, já que Paulinho da Viola está fazendo um samba sobre o ato de fazer um samba incomum, onde nos revela seu processo de criação, dizendo que elementos irá usar, que elementos não irá usar, como um pintor que nos mostrasse o trabalho que está realizando no momento em que o está fazendo, dizendo qual será o objeto de seu olhar, que material irá usar para pintá-lo e qual sua intenção ao pintar este quadro.

A última estrofe tem uma estrutura mais próxima ao verso, é mais regular, tanto no que diz respeito às rimas quanto ao tamanho das frases:

> Quem sabe de tudo não fale,
> Quem não sabe nada se cale,
> Se for preciso eu repito
> Porque hoje eu vou fazer
> Ao meu jeito eu vou fazer
> Um samba sobre o infinito.

A rima segue o esquema A, A, B, C, C, B, o que faz com que o samba termine de forma bem ordenada: é como se a regularidade da última estrofe fosse usada como elemento de estabilização maior, como se a estrutura regular tivesse a função de assegurar a criação da forma-canção. E aqui, surge um grande paradoxo: exatamente de dentro desta estrutura regular surge a ideia mais desestruturadora do samba; exatamente no momento em que o samba ganha maior consistência formal, o poeta nos diz que almeja a sua dissolução, pois Paulinho quer fazer um samba sobre o que não tem forma, um samba sobre o infinito.

TESSITURA: TENSÕES E DISTENSÕES

Agora vamos nos aprofundar um pouco mais na relação entre o desenho melódico e a letra da canção. Dividirei a primeira estrofe em quatro frases musicais, correspondentes aos quatro versos. A cada frase, corresponde um quadro que está no final do texto.

O samba está na tonalidade de lá menor e sua tessitura abarca quase uma oitava e meia, pois vai de lá grave a dó agudo.

A primeira frase se desenvolve na tessitura médio-grave e é acentuadamente descendente. A região grave e o movimento descendente dão um tom de seriedade que espelha o que o texto está dizendo, pois o poeta está pedindo silêncio. O desenho do movimento melódico em direção ao grave condiz com o tom sério da entoação, claro exemplo de fala melodizada.

A segunda frase continua na tessitura médio-grave, é mais desenvolta que a primeira, seu desenho é sinuoso e a fluidez da melodia vai ser interrompida pelo salto intervalar que acontece em "dor do peito". Aqui é interessante notar o seguinte: o salto intervalar que existe neste segmento é o mesmo que o do segmento anterior ("Silêncio"). A diferença é que na primeira frase o intervalo é descendente e aqui é ascendente. O que é curioso é que o efeito do salto, que tem a mesma distancia, é diferente em intensidade dramática quando se trata da direção em que ele se dá. Se na primeira frase ele é grave, severo, ele é também menos dramático, menos tenso. Na segunda, por ser um salto para o agudo, a tensão é potencializada e o salto parece ser maior do que o outro, o que cria uma sensação de dilaceramento do tecido musical, sensação esta que corresponde ao que está sendo cantado: "dor do peito". O poeta canta que tem a alma dilacerada, que sofre. Este rasgo da alma está espelhado no rasgo da melodia.

Na terceira frase – "Não diga nada sobre meus defeitos" – a melodia vai para uma região um pouco mais aguda, digamos que ela se desenvolve num registro médio-agudo e continua com seu desenho sinuoso. Quando a melodia vai para o agudo, ela provoca uma tensão maior, quer pela frequência mais rápida dos sons, quer pelo movimento em direção ascendente, que ao mesmo tempo em que libera uma emoção é mais tenso para liberá-la. Neste momento, o poeta fala de sua imperfeição. E aqui há também um salto intervalar, um dilaceramento do tecido melódico em "meus defeitos".

Na quarta frase a melodia vai para a tessitura grave. O tom confessional de toda esta primeira estrofe parece ganhar aqui sua naturalidade maior. E esta parte termina com um movimento ascendente ("assim"), que provoca uma suspensão, um grau de tensão que pede uma solução: a continuidade do samba.

A segunda parte do samba vai, toda ela, para uma região mais aguda: sua tessitura vai de mi a si bemol. São cinco frases musicais correspondentes aos cinco versos. A primeira corresponde ao quadro 5, a segunda ao 6 e assim por diante, até chegar ao 9.

Começa com uma leve descendência, sobe um pouco, dá um salto descendente e depois um ascendente. Podemos ver que é uma parte mais acidentada, isto é, com saltos intervalares maiores, com frases mais tensas.

Exemplo 6

É o momento em que o poeta afirma o seu querer. Até aqui, ele cantou o que não quer e, quando vai dizer o que quer, vai para uma região mais aguda e o seu querer tem um teor negativo: ele quer uma pausa, ausência de som, de movimento. E aqui, novamente o paradoxo: o sambista quer ausência de som e quando diz isso está ele mesmo fazendo o que não quer, fazendo um som, cantando. O querer é um querer negativo: ele quer que não haja som. Esta bela imagem – "uma pausa de mil compassos" tem ainda mais força porque ele diz que quer "apenas", isto é, que quer algo que é pouco, que é pequeno, e nos surpreende com a imensidão do seu querer – "uma pausa de mil compassos".

Em seguida, na terceira frase, ele explica por que quer silêncio: para ver as meninas. Esta frase inicia-se num ré, ascende até o fá e volta ao ré: pequeno movimento melódico, sinuosidade. Na quarta frase, o movimento é levemente ascendente. Há aqui uma tensão entre a imensidão do desejo do poeta e a simplicidade do objeto de seu desejo: ele quer ver as meninas, contemplá-las. Apenas isso. Quando ele fala "e nada mais nos braços", ele parece dizer que não quer possuir, pegar nada. Podemos pensar aqui numa oposição entre ter e ver. Estaríamos penetrando no domínio do amor desinteressado, do amor puro, que acontece na esfera do olhar, do ver, do sentir e não do ter. Acho que podemos pensar numa oposição entre amor desinteressado e amor passional; um que liberta, outro que causa sofrimento. No início do samba ele canta que quer esquecer "a dor do peito". Esta dor está relacionada ao amor passional, tema tão decantado no samba. Há aqui uma brecha para pensarmos que talvez o amor puro não provoque dor, sofrimento. A quinta frase – "Só esse amor assim descontraído" – começa com um movimento ascendente, feito por tons próximos e que culmina num salto intervalar. Vamos parar um pouco aqui. Este é o momento do samba em que há maior tensão, tanto melódica quanto semântica. Melodicamente, há o rasgo provocado pelo salto intervalar e este rasgo parece um tanto paradoxal em relação à letra, pois é o momento em que ele fala em descontração. De qualquer modo, depois de uma grande tensão, o apaziguamento ganha maior expressividade e lembremo-nos de que a música constrói-se pela dialética entre estes pares de opostos, tensão e relaxamento. O paradoxo é que no momento de maior tensão o poeta nos fala em descontração.

Na terceira parte do samba, o desenvolvimento melódico é o mais amplo de toda a canção, pois ocupa todo o arco da tessitura que o samba tem, indo de lá grave a dó agudo. Aqui, a divisão das frases melódicas coincide também com as poéticas. Há simetria quanto à divisão dos versos e das frases musicais.

Exemplo 7

A primeira frase, "Quem sabe de tudo não fale", começa com um salto ascendente, de mi a lá, permanece na mesma altura (lá) por três notas consecutivas e, em seguida, vai numa linha descendente direta e vertiginosa para o grave até chegar à nota mais grave de todo o samba, que é o lá. Este movimento descendente vertical que acontece na melodia coincide com o desenho melódico que a asseveração tem no campo da fala. Novamente e claramente a presença da musicalidade natural da fala que, acentuada, vai criar o contorno da melodia. A segunda frase, "Quem não sabe nada se cale", começa na nota mais grave da canção, repete-a e vai, em seguida, em linha reta e ascendente até o sol, seguida de um pequeno movimento descendente e depois ascendente. Então, a frase é iniciada com um movimento ascendente vertical e depois há uma pequena sinuosidade na região aguda e final da frase. A terceira frase, "Se for preciso eu repito" desenha-se na região aguda e tem uma pequena tessitura, ascende de mi a si. O que podemos notar é que as três frases têm um desenho ascensional, dirigem-se para a região aguda o que significa que a tensão melódica está aumentando e que um aumento de tensão irá pedir um repouso: a tensão vai chegando a seu limite e então o caminho que se abre para o desenho melódico é o da distensão. A quarta frase mantém-se no mesmo campo em que a terceira desenvolveu-se, isto é, continua na região aguda. Vamos nos lembrar que o poeta diz em seus versos que se for necessário ele irá repetir o que quer e é exatamente isto o que ele faz, ele repete "eu vou fazer" na quarta e na quinta frases: "Porque hoje EU VOU FAZER / Ao meu jeito, EU VOU FAZER".

Exemplo 8

A quarta frase movimenta-se na região aguda da canção, começando com um movimento descendente, fazendo uma ligeira curva ascendente e voltando a descer. Na quinta, a descida para o grave se dá em linha reta e é vertiginosa: vai, por graus vizinhos, sem saltos, do lá ao ré. Este movimento da melodia espelha o movimento da fala, da asseveração, que vai sempre em direção a tons mais graves. E agora, na última frase do samba, "Um samba sobre o infinito", a melodia vai em linha reta descrevendo primeiro uma pequena linha ascendente, composta por duas notas, fá e lá, depois descendo vertiginosamente, em linha reta, cinco notas, de lá a dó, e então ela dá um pequeno salto ascendente, de dó a fá, e termina descendo diretamente e em linha reta, de mi ao lá, nota mais grave do samba. O movimento geral é em direção ao grave, ao repouso, à asseveração. O poeta vai fazer, vai fazer, assevera e repete, um samba diferente, "Um samba sobre o infinito".

Na verdade, ele já está fazendo este novo samba, um samba metafísico, que fala do desejo de transcender as dores do mundo. Malgrado seu reiterado desejo de transcender o sofrimento, fonte de inspiração e tema da maioria dos sambas, dos sambas comuns, a dor do peito, ao ser mencionada, acaba por também se presentificar no samba. Desejo de infinito e dor do peito: é desta mistura e desta alquimia que nasce este lindo samba, samba de amor e de desejo de libertação do sofrimento, que expressa o anseio humano de tocar o infinito, o intocável, nas cordas de um violão, cordas de aço.

Quadro 1

SI -					
		POR			
LÊN -			FA -		
CIO				VOR	

Quadro 2

				DOR		
					PEI - TO	
	TO ES -					
QUAN -		QUE -				
EN -			ÇO UM		CO A	DO
			POU -			

Quadro 3

				FEI - TOS
GA			MEUS	
DI -	NA -		DE -	
NÃO	DA	BRE OS		
		SO -		

MELODIA E LETRA

Quadro 4

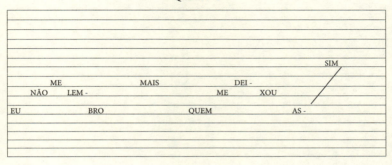

Quadro 5

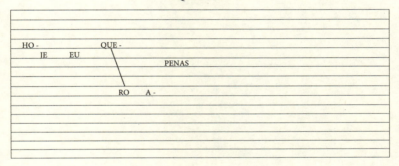

Quadro 6

Quadro 7

		VER		NINAS		
	RA		AS			
PA -				ME -		

Quadro 8

Quadro 9

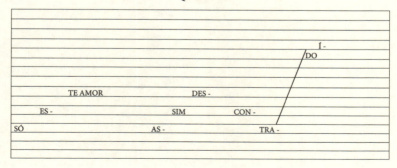

MELODIA E LETRA

Quadro 10

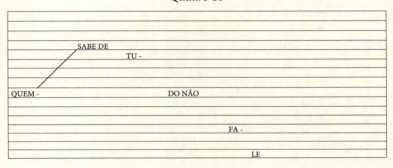

Quadro 11

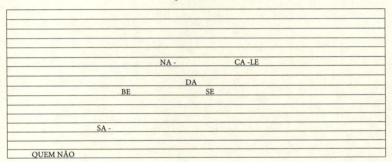

Quadro 12

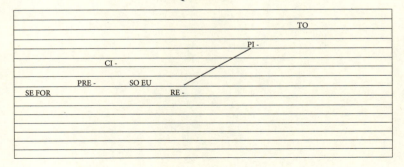

Quadro 13

POR QUE					
	HO -			FA -	
		JE EU			ZER
			VOU		

Quadro 14

AO MEU					
	JEI -				
		TO EU			
			VOU		
				FA -	
					ZER

Quadro 15

	SAM -					
		BA				
			SO -			
UM			BRE		FI -	
				O IN -		NI -
						TO

3. *Pressentimento*: Arte e Vida, Duração e Brevidade

Pressentimento e *Para Ver as Meninas*[1] são, seguindo o espírito do paradoxo que anima alguns sambas de Paulinho da Viola, muito iguais e muito diferentes. Ambos fazem parte do mesmo disco e abordam uma mesma questão: a criação do samba.

Muito iguais: em *Pressentimento,* o poeta também fala da sua criação, fala que vai fazer um samba (futuro) enquanto já o está fazendo (presente). Estas duas temporalidades são ilusórias na medida em que este samba já foi feito (passado). É o passado que se presentifica na forma da canção, mas que se apresenta como um vir-a-ser. Isto acontece nos dois sambas.

Muito diferentes: em *Para Ver as Meninas,* Paulinho vai fazer "um samba sobre o infinito", em *Pressentimento*, ele vai fazer um "samba vulgar". Se em *Para Ver as Meninas* o desafio é fazer um samba sobre o inefável, aqui o desafio é o contrário: ele vai transformar a brevidade de um amor sem importância em

---

1. *Pressentimento* e *Para Ver as Meninas* estão no LP *Paulinho da Viola*, Emi, 1971.

algo que vai durar, ele vai transformar a matéria perecível da vida numa sonoridade durável: num samba. Mas, ainda que este samba dure, ele não será especial: a aura de vulgaridade que envolveu este breve amor estará também presente no samba. E o que é um samba vulgar? O samba vulgar aqui parece ser o oposto do samba sobre o infinito. O samba das coisas da vida, do cotidiano, dos desencontros, da imperfeição, das coisas que passam e que não têm muita importância. O samba vai conferir a este amor uma dimensão que ele não teve: amor breve, arte longa. É interessante como com um tema simples, um amor banal, Paulinho consegue fazer um grande samba, mesmo que ele o chame de vulgar.

Nestes dois sambas, Paulinho toca na questão da temporalidade: o sublime é atemporal, infinito; o vulgar, temporal, finito. Estas duas qualidades – sublime e vulgar, além de estarem se referindo a temporalidades diversas, também aparecem ligadas a diferentes faculdades sensíveis: o sublime está relacionado ao olhar (*Para Ver as Meninas*) e o vulgar ao tocar ("o nosso último beijo").

Ouvindo *Pressentimento*, vamos ver o que Paulinho chama de samba vulgar: a estória de um amor que não dura, e a dor e o lamento causados por ver o fim de um sonho: a desilusão. O "samba vulgar" aparece como o lugar da desilusão amorosa. E que desilusão é esta? Que sonho se acaba? A ilusão de um amor eterno? Parece que sim: parece haver aqui uma indicação de que o verdadeiro amor não morre. A desilusão vem da constatação da finitude deste sentimento. Lembrando de *Para Ver as Meninas*, lá aparece um amor "descontraído", que quer apenas olhar o ser amado. Seria então um amor sublime, amor que nasce do sentimento de infinitude.

Já este samba se inspira num amor que o sambista sabe que vai acabar. Daí seu nome: "pressentimento". Como o poeta pressente a brevidade deste amor e a ele dói ver mais um sonho morrer, ele usa a arma de que dispõe para amenizar a sua dor: transforma a brevidade da vida em perenidade da arte, em perenidade do samba:

Pressentimento

Nosso amor não dura nada
Mas há de dar um poema
Que transformarei num samba
Quando a gente se deixar,
Quando a gente se deixar.

Nosso amor foi condenado
A breve amor, nada mais,
Eu tive um pressentimento
No nosso último beijo
Por isso faço um poema
Antes dele se acabar
E ponho uma melodia,
Transformo em samba vulgar

Minha dor e meu lamento
Papéis que solto no ar,
Ai! Amor que sofrimento
Ver meu sonho se acabar*.

Paulinho nos dá uma aula de composição: ele mostra como ele faz um samba. O amor vira um poema, o poema é transformado em samba; o amor não dura, mas, antes que ele se acabe, o poeta o salva da morte em vida, dando-lhe a continuidade em arte. Vida breve, arte longa.

* Paulinho da Viola, *Pressentimento*, © copyright 1970 by Edições Musicais Tapajós Ltda. Todos os direitos reservados.

Mas um "samba vulgar" é um samba que não vai ter uma duração muito prolongada. Ainda assim, vai durar mais do que o amor fugaz. O amor acaba, o samba continua. Agora, e este é um belo paradoxo, o samba que ele diz ser vulgar parece que não o é. E por quê? Pela beleza que possui e porque é um samba que toca numa questão central da arte: a questão da sua perenidade. Sob a capa de vulgaridade, está um samba primoroso que revela como o poeta trabalha, como ele transforma a matéria bruta da vida na matéria sonora da canção, como ele opera para dar perenidade ao que é breve, como diante da morte, o artista cria uma obra que tem uma certa imortalidade. Eu acho este um dos temas fascinantes e instigantes da criação artística: o criador mortal cria algo que pode ser imortal; sua obra tem a possibilidade de ter algo que talvez seja o que ele mais almeja, mas que não lhe é dado saber se possui ou não: a imortalidade.

E este "samba vulgar" toca neste tema. E este "samba vulgar" nos ensina o que é um samba vulgar sem sê-lo: transforma o que era vulgar, o amor breve, em perene, o samba; e, ampliando esta alquimia, transforma a matéria da vida em arte.

Diante do pressentimento do fim, o artista, com sua criação, desafia a morte?

4. Num Samba Curto

Em *Num Samba Curto*[1] vamos encontrar um tema recorrente na obra de Paulinho da Viola: a relação entre o samba e a vida. E, se quisermos ampliar ainda um pouco mais esta questão que já é tão ampla, a relação entre a arte e a vida. A arte é espelho da vida? A arte pode explicar a vida? E a vida, pode explicar a arte? A arte é transcendência da vida? Ou é a vida que transcende a arte? A arte abre novos caminhos na vida? Ou é a vida que escapa à tentativa da arte de captá-la? Longe de sua intenção e da minha dar alguma resposta a estas questões: Paulinho é poeta e não filósofo ou, se o considerarmos filósofo, estaremos entendendo por filosofia uma atitude reflexiva. Paulinho não vai construir uma teoria a respeito da vida e da arte. Mas ele toca neste tema, assim como toca um choro ou um samba no violão: com mestria, com beleza e com alma.

O samba é dividido em três partes, que não se repetem. Assim como em *Para Ver as Meninas*, o texto é irregular, as rimas, quan-

---

1. Em *Paulinho da Viola*, Emi, 1971.

do existem, não obedecem a um sistema ordenado. Irregularidade, assimetria: desordem característica da fala. Estamos aqui no âmbito da figurativização. Melodicamente, um belo desenvolvimento, com frases musicais que se sucedem fluentemente e que não se repetem. O fato de não haver repetição no texto e na melodia também aproxima o samba da fala, pois os mecanismos de reiteração são um dos procedimentos mais usados quando se trata de estabilizar a sonoridade e criar a forma-canção. E o belo desenho melódico nos distancia da fala e nos conduz para o universo da expressão dos afetos, para passionalização, a valorização da melodia.

Este samba começa com a seguinte frase: "Meu samba ANDOU PARADO". Esta frase, se esquecermos o seu sentido usual e prestarmos atenção nas duas últimas palavras, é composta por um paradoxo: ANDAR-PARADO. Só vim me dar conta disso depois estar estudando alguns sambas do Paulinho e ter verificado que ele trabalha bastante com o paradoxo. Vimos em *Para Ver as Meninas* como o samba é construído em cima de pares de opostos: silêncio-canto, esquecer-lembrar, novo-velho, dizer-não dizer, e como outros pares de opostos são criados, como imagem e pensamento, sentimento e razão, olhar e falar. Foi isto que me levou a perceber este paradoxo que surge logo na primeira frase de *Num Samba Curto*. O sambista nos conta que seu "samba andou parado", até que alguém apareceu e com esta aparição uma grande transformação ocorre na sua vida e no seu samba:

> Meu samba andou parado
> Até você aparecer
> Mudando tudo
> Lançando por terra o escudo
> do meu coração
> Em repouso

> Ontem numa rocha fria
> Hoje assim exposto
> Deixando entrar sem medo a vida,
> Aquilo que eu não via*.

O samba estava parado e a aparição de alguém o colocou em movimento, em transformação. Paulinho identifica aqui o seu samba com o seu coração: ele começa dizendo que é seu samba que está parado e em seguida, depois que alguém aparece, ele passa a descrever o que aconteceu com o seu coração: estava parado (como o samba), uma "rocha fria" e depois da aparição, o samba e o coração se movimentam. Isto acontece claramente no fraseado que tem um desenho bem movimentado, e no coração que estava frio, protegido por um escudo que é lançado por terra e que, assim, fica exposto e deixa a vida entrar sem medo. Então, esta aparição causa uma transformação profunda no samba-coração: estavam parados, em repouso e, agora, se movimentam e acordam; estavam guardados, fechados, defendidos da vida, agora estão expostos, abertos, sem medo da vida. Ambos despertam de um estado de imobilidade, dureza e frieza: estão novamente vivos. O samba e o coração. A ideia de defesa, de proteção contra algo que se teme é expressa na imagem do escudo. A primeira parte do samba acaba de modo enigmático. Os dois últimos versos dizem:

> Deixando entrar sem medo a vida,
> Aquilo que eu não via.

Quando ele diz que deixa "entrar sem medo a vida", ele diz, nas entrelinhas, que antes ele tinha medo da vida, pois não ter medo é uma coisa nova que lhe acontece. E aí vai falar da vida

---

* Paulinho da Viola, *Num Samba Curto*, Warner Chappell Edições Musicais Ltda. Todos os direitos reservados.

como "Aquilo que eu não via". Bem, podemos pensar o seguinte: estando fechado, com medo, frio diante da vida, o seu coração não a podia ver e agora, estando transformado, aberto, receptivo, ele pode ver a vida. Mas esta frase, por seu caráter vago, cria um entendimento que é um subentendimento, isto é, um entendimento que não é expresso em palavras, que não é expresso de forma positiva: ele não diz o que a vida é, ele diz que está aberto para poder saber o que ela é. E mais, ele diz o que a vida não é: medo, frieza, repouso, defesa, dureza, insensibilidade. Como ele não diz o que é que está vendo, mas diz o que é que não o deixava ver, agora que ele vê, nós, que o ouvimos, ficamos em suspensão, aguardando a revelação do que ele viu: do que é a vida. Não seria uma maravilha ouvir um "samba curto" e nele aprender o significado da vida? Ah! sambista, mostra-nos o que você viu depois que perdeu o medo de olhar e de sentir e de deixar a vida entrar em seu coração! É importante a gente lembrar que o elemento que desencadeia este despertar é um "você", é alguém que desperta o poeta de seu sono de frieza e medo. E quem é esse alguém? Esta primeira parte do samba está envolta em mistério. O segredo da vida foi revelado. Qual? Por alguém. Quem?

Vamos para a segunda parte:

Só agora eu reparei
Que não vi seu rosto
E que você partiu
Sem deixar seu nome
Só me resta seguir
Rumo ao futuro
Certo de meu coração
Mas puro.

Bem, nossa expectativa de poder descobrir alguns traços desta personagem poética causadora de tal transformação é frustrada: o poeta não sabe quem é esse alguém. Esse alguém entrou em sua vida, virou tudo do avesso e partiu sem que o sambista visse seu rosto e sem deixar seu nome. O mistério é potencializado. Esse alguém não mostrou o rosto ou foi o poeta que estava tão entregue que se esqueceu de olhar? A misteriosa transformação que ocorre por conta de uma misteriosa personagem. Bem, a personagem, percamos as esperanças, não terá seu rosto nem seu nome revelado, pois o poeta confessa que não viu e não sabe. Isto me faz lembrar do tema do amor de carnaval, frequente nas canções populares brasileiras, amor entre mascarados, que se entregam, se amam intensamente e se separam sem que um fique sabendo qual é a identidade do outro. Amor sem identidade. Amor com intensidade e sem identidade.

A terceira parte do samba frustra a expectativa de esclarecimento do enigma e funciona como um aforismo: sem responder às perguntas que o texto constrói, coloca para o ouvinte uma nova questão para que ele reflita:

Quem quiser que pense um pouco
Eu não posso explicar meus encontros,
Ninguém pode explicar a vida
Num samba curto.

O mistério permanece mistério, sem explicação, pois quem pode explicar a vida num samba curto? A nossa ilusão de ver decifrado o enigma da vida num breve samba é desfeita. O mistério permanece mistério. A vida, "num samba curto", não tem tradução. E num samba longo, terá ou não? Parece que não. Fica a questão. E é na questão sem solução que está a grandeza deste samba – o enigma que permanece enigma.

5. Samba e Sabedoria

Na poética de Paulinho da Viola vejo a possibilidade de se pensar a canção como um lugar de reflexão sobre o mundo. Dentro do mundo, o recorte dos temas vai ser feito pelo olhar do poeta, que reflete e decanta a vida e a morte, o amor e a solidão e também a sua expressão, o samba. Se por um lado Paulinho da Viola sinaliza uma reflexão sobre as coisas do mundo, por outro seria precipitado filiar suas sinalizações a alguma corrente filosófica já existente e sistematizada. Digamos que o sambista exerce seu livre pensar diante de si, do mundo e de sua obra e que seu filosofar é antes uma atitude resultante de uma contemplação apaixonada do mundo. A ambiguidade presente nesta atitude – contemplação apaixonada, já que contemplação indica um estado de serenidade, impertupabilidade diante das emoções e paixão um arrebatamento, essa atitude híbrida tonaliza sua poética. Sua paixão é tonalizada pela intensidade, pela profundidade, mas nunca pelo derramar de emoções. Paulinho não perde a serenidade mesmo quando canta emoções tumultuadas.

Ele reflete sobre a linguagem, aponta o transcendental na batucada de um samba, ama e briga com os limites de si mesmo e da linguagem.

Em *Filosofia do Samba*[1], composição de Candeia gravada por ele, o samba questiona a razão, zomba dela e diz que ela não é confiável, "Pois a razão fica sempre com dois lados", é e não é, e a filosofia que esta razão protagoniza não se realiza na vida, é feita de palavras, ideias vazias; é engano porque promete o que não cumpre, fala o que não faz; é ideologia:

> Pra cantar samba
> Não preciso de razão
> Pois a razão está sempre com dois lados
> Amor é tema tão falado
> Mas ninguém seguiu nem cumpriu a grande lei
> Cada qual ama a si próprio
> Liberdade e igualdade onde estão não sei.
>
> Mora na filosofia
> Morou, Maria?
> Morou, Maria?
> Morou, Maria?

Os ideais de amor, liberdade e igualdade que inspiraram tantas filosofias, bandeira de luta da Revolução Francesa e dos Iluministas, aparecem aqui como mascaramento do real: na vida, eles não acontecem.

Neste samba há um saber que consiste em questionar o saber racional e apontar sua fratura; há um saber que revela o não saber do saber, se pensamos que para que um saber seja verdadeiro

---

1. Em *Paulinho da Viola*, Emi, 1971.

ele deve se cumprir, se realizar. O sambista despreza este saber falso e pretensioso. Seu saber está em sambar, em não pretender saber e em revelar o não saber do saber. Em zombar deste saber pretensioso e falso.

José Miguel Wisnik, em "Gaia Ciência – Literatura e Música Popular no Brasil", diz o seguinte: "constituiu-se no Brasil, efetivamente, uma nova forma de 'gaia ciência', isto é, um saber poético-musical que implica uma refinada educação sentimental [...]"[2].

Esta "gaia ciência" está presente nos sambas do Paulinho da Viola na forma de um lirismo delicado e profundo, que pergunta o porquê das coisas do mundo, do movimento das paixões, que reflete sobre o seu fazer artístico – o samba –, tateando a busca de sentido do tudo que envolve estar vivo e sensível no meio do mundo e transformando esta busca em linguagem, em samba.

Em *Coisas do Mundo, Minha Nega*[3] o poeta narra seu percurso noturno pelas ruas da cidade até chegar ao feliz destino dos braços da amada. Retrata o cotidiano, cenário trágico de carência, dor, embriaguez, morte, mas também lugar de humor e de amor. O samba dialoga com o que acontece na madrugada: zomba do azar de um, serve de acalanto para outro e silencia diante da morte. É nos braços da amada, seu porto-seguro, que encontra conforto e plenitude. Ele diz a ela que o amor é maior que a palavra e que a música, que o amor é maior que o samba; que o amor é um samba "sem melodia ou palavra". Aqui a experiência vivida é incomparavelmente maior do que o que a linguagem pode expressar. Mais uma vez, como em *Para Ver as Meninas*, está presente aqui o tema do limite da linguagem para poder expressar a vida, e, por isso, a

---

2. José Miguel Wisnik, "A Gaia Ciência – Música e Literatura no Brasil", *Sem Receita – Ensaios e Canções*, São Paulo, Publifolha, 2004, p. 218.
3. Em *Paulinho da Viola*, Emi, 1968.

valorização do silêncio como receptáculo do indizível, como modo de dizer o que não pode ser dito. Como a palavra nunca diz tudo, o silêncio aparece como modo de expressão da infinitude.

Em *Coisas do Mundo* o poeta enfrenta dois desafios, um é de buscar aprender com elas, outro é a tentativa de transformar sua experiência em expressão, em samba:

> Hoje eu vim, minha nega,
> Como venho quando posso,
> Na boca as mesmas palavras,
> No peito o mesmo remorso,
> Nas mãos a mesma viola
> Onde gravei o seu nome,
> Nas mãos a mesma viola
> Onde gravei o seu nome.
>
> Venho do samba há tempo, nega,
> Vim parando por aí,
> Primeiro achei Zé Fuleiro
> Que me falou de doença,
> Que a sorte nunca lhe chega,
> Está sem amor e sem dinheiro,
> Perguntou se eu não dispunha
> De algum que pudesse dar,
> Puxei então da viola,
> Cantei um samba pra ele
> Foi um samba sincopado
> Que zombou do seu azar.
>
> Hoje eu vim, minha nega,
> Andar contigo no espaço,
> Tentar fazer em seus braços
> Um samba puro de amor,
> Sem melodia ou palavra

Pra não perder o valor,
Sem melodia ou palavra
Pra não perder o valor.

Depois encontrei Seu Bento, nega,
Que bebeu a noite inteira,
Estirou-se na calçada
Sem ter vontade qualquer,
Esqueceu do compromisso
Que assumiu com a mulher,
Não chegar de madrugada
E não beber mais cachaça,
Ela fez até promessa
Pagou e se arrependeu,
Cantei um samba pra ele
Que sorriu e adormeceu.

Hoje eu vim, minha nega,
Querendo aquele sorriso
Que tu entregas pro céu
Quando eu te aperto em meus braços,
Guarda bem minha viola,
Meu amor e meu cansaço,
Guarda bem minha viola,
Meu amor e meu cansaço.

Por fim eu achei um corpo, nega,
Iluminado ao redor,
Disseram que foi bobagem
Um queria ser melhor,
Não foi amor ou dinheiro
A causa da discussão,
Foi apenas um pandeiro
Que depois ficou no chão,
Não peguei minha viola

Parei, olhei, vim-me embora,
Ninguém compreenderia
Um samba naquela hora.

Hoje eu vim, minha nega,
Sem saber nada da vida,
Querendo aprender contigo
A forma de se viver,
As coisas estão no mundo
Só que eu preciso aprender,
As coisas estão no mundo
Só que eu preciso aprender*.

Neste samba, o poeta coloca-se como aprendiz e a vida como escola, *topos* recorrente na canção popular brasileira, em que "a vida é uma escola, onde a gente precisa aprender / a ciência de viver pra não sofrer"[4]. No entanto, ele declara no final que não sabe nada da vida e que quem vai lhe ensinar é a mulher amada:

Hoje eu vim, minha nega,
Sem saber nada da vida
Querendo aprender contigo
As formas de se viver.

A imagem da mulher amada ganha uma luminosidade ímpar: ela inicia o poeta na aprendizagem da vida. Impossível não pensar em Beatriz, musa de Dante, que o inicia nos mistérios do mundo. A mulher aparece neste samba como musa e sacerdotisa, símbolo de inspiração, de iniciação, de revelação, de amor, ou,

---

* Paulinho da Viola, *Coisas do Mundo, Minha Nega*, © copyright 1968 by Musibrás Editora Musical Ltda. Todos os direitos reservados.
4. *Aos Pés da Cruz* de Marino Pinto e Zé da Zilda.

ainda, de iniciação amorosa: há um saber de natureza feminina que se expressa através do afeto.

A possibilidade de pensar a canção como forma de conhecimento nos leva a pensar o conhecimento como forma de prazer, pois a transmissão deste conhecimento é sedutora, envolvente: penetra em nossos ouvidos, vai até o coração e o pensamento, provoca movimentos no corpo, enfim, a experiência do ouvir musical é também uma experiência de êxtase: sem entrega não é possível ouvir o que uma canção está querendo nos contar. Não seria este conhecimento prazeroso uma possibilidade de diálogo entre a razão e a emoção?

Em *Vida*[5], samba feito em parceria com Elton Medeiros, há uma lição. O eu lírico aqui é um mestre sábio, que tem sua sabedoria baseada na ideia de que na vida cada um deve encontrar seu próprio caminho. A única coisa que este mestre pode ensinar é que não pode ensinar ninguém a viver. Pode apenas falar da "lei dos caminhos", a que todo ser humano está sujeito. E é exatamente nisto que consiste sua sabedoria: na consciência dos caprichos da fortuna, da diferença entre as subjetividades, das múltiplas possibilidades de escolha que o homem tem no mundo e no conhecimento da "lei dos caminhos": "Você é quem deve rasgar o caminho / E fechar a ferida / E achar no seu justo momento a razão / De tudo aquilo que chamamos vida".

O samba nos diz que a ilusão e a dor são passos do caminho da vida: "Esta é a lei dos caminhos / Onde a ilusão e a dor / Fazem parte do primeiro artigo". E diz mais: o sofrimento e a ilusão fazem parte da vida, não adianta ter medo de viver, pois isto só vai aumentar a dor. Neste samba é transmitida uma filosofia cuja

---

5. Em *Paulinho da Viola*, Emi, 1975.

ideia central é que o conhecimento da vida se faz através da vivência do sujeito, isto é, não pode ser ensinado a ninguém, por ninguém, pois há "infinitas formas de amar e viver", e que nesta vida é preciso enfrentar a ilusão e a dor com coragem, pois "o medo / é que faz a nossa dor crescer". E, diz o poeta, "Mais eu não posso dizer".

6. NERVOS DE AÇO

Como o nome da canção de Lupicínio Rodrigues escolhida para título, *Nervos de Aço* é um disco de profunda tensão emocional: é preciso ter "nervos de aço" para sobreviver à dor da perda do ser amado. Este disco, gravado em 1973, trata principalmente da desilusão amorosa e do sentir-se perdido e só e triste no mundo. Só quem tem "nervos de aço" não tem desejo de morrer diante da perda do ser amado, canta a canção; só quem tem "nervos de aço" consegue sobreviver nas engrenagens do mundo depois da perda do seu amor. O disco fala também de esperança, da Portela e do humor da vida. Mas predomina a tristeza, causada pela desilusão amorosa, como é o caso dos sambas *Sentimento*, *Comprimido*, *Nervos de Aço*, *Não Quero Mais Amar a Ninguém*. O sentimento de estar perdido no mundo está presente em *Roendo as Unhas* e em *Cidade Submersa*. A esperança faz uma breve, sutil e decisiva aparição em *Sonho de um Carnaval*. O humor, desanuviando a tensão, surge na crônica cômica, em *Nega Luzia*. A Portela, em *Não Leve a Mal*. A tristeza sem palavras, derramada em notas musicais no som do cavaquinho e do piano, em *Choro Negro*.

Um traço do trabalho de Paulinho e deste trabalho é a presença de outros compositores: das dez faixas que compõem o disco, cinco são de outros grandes autores, a começar pela faixa título, que é de autoria de Lupicínio Rodrigues. Presença dos mestres Cartola, Carlos Cachaça, Wilson Batista, Chico Buarque. Paulinho é compositor e intérprete dos grandes compositores da música popular brasileira.

Na capa, um desenho do rosto do Paulinho, marejado de lágrimas, só e com um ramalhete de flores. Ao alto, uma lua cheia. Na contracapa, ele está de perfil, olhos no chão, o ramalhete, a lua e, ao fundo, o rosto da mulher amada também chorando. Desenhos feitos por Elifas Andreatto. Toda a dor do amor não realizado está ali, transbordando. Obsessivamente.

O disco abre com *Sentimentos*, samba de Miginha, compositor da Velha Guarda da Portela. O primeiro verso já declara a natureza sentimental do disco. O samba de Miginha começa assim: "Sentimentos em meu peito eu tenho demais". E em seguida, canta a desilusão amorosa:

> Alegria que eu tinha nunca mais
> Depois daquele dia em que fui sabedor
> Que a mulher que eu mais amava nunca me teve amor.

No final, explica sua estratégia para evitar a dor:

> Agora estou resolvido a não amar a mais ninguém
> Porque sem ser amado não convém.

O famoso par amor e dor está aqui presente. E uma lógica simples: se o amor gera dor, portanto tristeza, o desamor gera bem-estar, portanto felicidade. Este primeiro verso descortina o conteúdo do disco: sentimentos demais.

O tema e o tom do samba são líricos: *Sentimentos* é o nome e o assunto do samba. Não há imagens poéticas, o que há é uma expressão de estados de alma. Ele fala do movimento da paixão, que vai do amor à desilusão, da desilusão à vingança, e da vingança à negação do amor. Durante todo o samba, repetem-se os dois advérbios que sinalizam a tensão emocional que o sujeito lírico expressa: a oposição entre uma afirmação e uma negação, entre "mais, demais" e "não, nunca" ("mulher que eu MAIS amava NUNCA me teve amor" e "sentimentos DEMAIS" e "NÃO amar a MAIS ninguém"). Esta dinâmica de excessos opostos – MAIS e NUNCA MAIS – este exagero, é o núcleo da tensão que alimenta o samba, fruto da natureza lírica do sujeito, que já declara no primeiro verso sua sentimentalidade, prenunciando o que vai se desenrolar, pois, canta ele, "Sentimentos em meu peito eu tenho demais". Tudo decorrerá disto.

Na primeira estrofe, o poeta conta que é um ser excessivamente sentimental e que perdeu sua grande alegria por causa de um amor não correspondido. O filósofo Espinosa escreveu na *Ética*, no livro que trata da natureza das paixões e dos afetos, que o homem na sua essência é desejo: quando este desejo é realizado, ele sente que sua força para existir e pensar aumenta, e este sentimento é a alegria; quando este desejo é frustrado, ele sente que sua força para existir e pensar diminui e este sentimento é a tristeza. Chama-se amor, quando atribuímos este aumento a uma causa externa e ódio quando atribuímos esta diminuição a uma causa externa. Então, podemos dizer com Miginha e Espinosa que o poeta sentiu sua força de viver diminuída pela frustração de seu desejo de ser amado, que ficou triste e que enquanto estava iludido, pensando ser amado, tinha a sua força de viver aumentada, era alegre. A causa de seu estado anímico é exterior: é o amor ou desamor da mulher amada que geram seus sentimentos. Ainda mais: parece que ele foi enganado ("depois daquele dia em que fui sabedor"). O texto é vago – "depois daquele dia em que fui sabedor" – não conta quando nem como ele descobriu que não era amado. Mas parece que isto não interessa muito: não interessa onde e quando; interessa, sim, o que aconteceu, e como o que aconteceu repercute no sujeito; interessa que o sujeito fica sabendo que não é amado. E é isto que rouba sua alegria de viver. Portanto, sua alegria de viver estava intimamente ligada ao fato de ser amado.

A primeira parte do samba é um lamento nascido de estados de alma extremados e que se tecem pela desilusão, pela queda de um estado sublime (ser amado, ser alegre) a um estado desprezível (ser enganado, ser triste), pela oposição entre o elevado e o baixo, entre o império do "mais" e o do "menos". Vejamos. O império do mais: sentimentos demais, alegria, amor demais; e o do "menos": alegria nunca mais, nunca ter sido amado. Este movimento vertiginoso do mais ao menos, do sentir-se enaltecido ao sentir-se arrasado, é um movimento típico da paixão romântica, onde o amante tem na correspondência do amor de seu amado o motivo de sua existência e da sua alegria de viver. O sujeito projeta então o seu desejo de felicidade no outro e depende do movimento da paixão de seu amado para ser feliz: fica, pois, sujeito ao amor do outro para ter alegria própria. Então, ao mesmo tempo em que o amado é seu alimento, é também seu veneno, pois este é investido de um poder de vida e morte sobre o amante. As flutuações do coração do amado são a causa da glória ou ruína do amante. Ele é um prisioneiro do amor.

A segunda estrofe começa com uma reação ao desamor, à descoberta de ter sido enganado: esta reação é a clássica vingança do dente por dente e olho por olho. Mas é uma vingança que tem um ar de malandragem, de jogo, de trapaça: ele fará com o ser amado o mesmo jogo que este fez com ele. A vingança será feita também através do fingimento: ele quer que ela acredite que ele ainda a ama e, assim, lhe dará desamor em troca e, assim, fará com que ela beba do mesmo veneno com o qual o envenenou, que caia no mesmo golpe que lhe pregou. A ideia da mentira como uma armadilha que fere o sentimento do outro, como um golpe, como algo inesperado que faz com que alguém caia de um estado elevado a um estado baixo está aqui na sua forma mais simples e clara. À oposição amor-desamor, mais-menos, acrescenta-se também a oposição entre verdade-mentira. E a mentira é um golpe que ilude e fere o apaixonado, entristece-o e ele se vinga enganando também, fingindo amar. Para escapar da armadilha da tristeza, ele não quer mais sentir. A ideia que aqui se expressa é a de que se o sentimento leva à dor, se ele rouba a alegria de viver, o sujeito, que quer ser alegre, não quer mais amar a mais ninguém. Há aqui também um exagero: o apaixonado defende-se do mundo e não apenas do seu amado, como se seu amado fosse o espelho do mundo. Mundo de sentimentos demais. Assim como o amor é extremado, a reação ao desamor também o é, pois ele agora não quer mais amar não só a pessoa que não o ama, mas sim a todo mundo: não quer amar a mais ninguém. O excesso do desejo gera o excesso da negação do desejo: terreno da paixão, onde se constrói uma lógica dualista que reza que se o amor trouxe a tristeza, a ausência do amor trará a alegria. Se, de um lado, o sentimento, a entrega e o amor conduzem à dor, de outro, a razão, o jogo e o desamor levam a uma certa imunidade. Sim, porque ele não diz que irá recuperar a alegria. Diz apenas que não irá mais sofrer. Portanto, a astúcia seria sair fora do círculo do desejo e entrar no círculo da vontade. Depois da desilusão, a vingança e, depois da vingança, uma mudança de plano: ele racionaliza e tenta tirar daí uma lição de vida: não amar sem ser amado.

O tema do desejo de não amar para não sofrer será retomado várias vezes neste disco. Um dos sambas que veremos adiante se chama *Não Quero mais Amar a Ninguém,* repetição quase que literal de um dos versos de *Sentimentos* e temática reiterada em várias músicas deste disco, que na sua totalidade, fala de um mundo lírico, de um sujeito apaixonado e abandonado, de um movimento de fechamento do sujeito em si mesmo diante da desilusão amorosa, movimento de tristeza, de morte, de luto, de desespero diante da perda do ser amado e da consequente perda de sentido da existência que, para o romântico, a perda do objeto amado desencadeia. O apaixonado não correspondido pelo seu amado desespera-se e só se tiver "nervos de aço" não se aniquilará totalmente.

Neste samba, o tema do NÃO AMAR MAIS tem, como já disse, um certo ar de malandragem, pois o sujeito arma uma estratégia para sair-se bem: vingar-se-á usando as mesmas armas com que foi ferido. Ele encontra uma certa satisfação no revide: se não recupera o amor do outro, ao menos alimenta o seu amor próprio. A vingança é o troco do desafeto: fazendo sofrer quem o fez sofrer, ele encontra satisfação, uma satisfação negativa, um prazer que se alimenta do desprazer do outro. Mas não é uma vingança pesada. É uma vingança malandra, calculada: como num jogo, o jogador prepara uma jogada premeditada para derrotar seu adversário. Depois de dado o troco, ele não quer mais amar, não quer mais jogar este jogo. Parece haver aqui a ideia de que o amor é um jogo onde inevitavelmente um ganha e outro perde e que a única a saída para se encontrar um pouco de paz é a sua negação, é o fim do jogo.

Samba-canção tradicional, com uma bonita linha melódica, de desenho sinuoso e suave, tecido de pequenos intervalos entre as notas, havendo apenas um salto intervalar maior, intervalo de sexta, em "nunca mais", exatamente no lugar onde se encontram as duas palavras-chaves da tensão que engendra o poema. E é aí que se dá o ponto máximo da tensão melódica. A instrumentação é leve, com violão, piano, baixo e a clarineta que faz um contracanto muito bonito à melodia. Na primeira estrofe, o canto é mais emocionado, é um lamento: canto de um apaixonado. A primeira estrofe se repete, o que lhe dá um certo ar de refrão: na primeira vez canta só Paulinho, na segunda, o coro. Já na segunda estrofe, o canto muda de tom, já não é mais o apaixonado quem canta, mas aquele que vai dar o troco: é a voz do jogador que encontrou um jeito para virar o jogo, para deixar de ser perdedor e para ganhar. Mas ainda aqui ele está dentro do jogo amoroso. Nos dois últimos versos é que ele sai do jogo e tira daí uma lição, uma moral da estória: não amar para não sofrer. O final da canção é uma resolução nos dois sentidos: final do samba e final do jogo do amor.

Fruto do amor e de sua negação, o samba vibra nas cordas tensas e harmoniosas da voz e do violão de Paulinho da Viola, como o amor, que vibra e tenta se equilibrar na tensa corda--bamba da vida.

COMPRIMIDO

A segunda faixa do disco é *Comprimido*, samba que traz em seu título um duplo significado, que se complementa e que sintetiza, de forma brilhante, toda a temática que será desenvolvida na canção: o comprimido, a cápsula e o comprimido, o encapsulado. Mais ainda, o comprimido-cápsula traz em si dois sentidos antagônicos, dois poderes conflitantes, remédio e veneno. Este samba narra a trágica estória de um homem comum "comprimido" pela vida, a degradação de sua relação amorosa e a sua enigmática autodestruição até chegar ao suicídio, envenenando-se com um comprimido:

> Deixou a marca dos dentes
> Dela no braço
> Pra depois mostrar pro delegado
> Se acaso ela for se queixar
> Da surra que levou
> Por causa de um ciúme incontrolado.
>
> Ele andava tristonho,
> Guardando um segredo
> Chegava e saía,
> Comer não comia
> E só bebia,
> Cadê a paz?
> Tanto que deu pra pensar
> Que poderia haver outro amor
> Na vida do nego
> Pra desassossego
> E nada mais.
>
> Seu delegado ouviu e dispensou
> Ninguém pode julgar coisas de amor
> O povo ficou intrigado com o acontecido
> Cada um dando a sua opinião
> Ela acendeu muita vela,
> Pediu proteção,
> O tempo passou
> E ninguém descobriu
> Como foi que ele
> Se transformou.

Uma noite,
Noite de samba,
Noite comum de novela
Ele chegou
Pedindo um copo d'água
Pra tomar um comprimido
Depois cambaleando
Foi pro quarto
E se deitou
Era tarde demais
Quando ela percebeu
Que ele se envenenou.

Seu delegado ouviu
E mandou anotar
Sabendo que há coisas
Que ele não pode julgar
Só ficou intrigado
Quando ela falou
Que ele tinha mania
De ouvir sem parar
Um samba do Chico
Falando das coisas do dia a dia*.

Na introdução, antes do tema aparecer, quatro compassos repetem obstinadamente uma célula rítmica, feita pelo contrabaixo, que toca sempre uma mesma nota, um dó, e por uma sessão rítmica, onde a percussão também faz sempre a mesma marcação. Isto cria uma atmosfera musical obsessiva, tensa, que gera um suspense: a espera de que algo aconteça, de que o tema se desenvolva e o canto comece.

* Paulinho da Viola, *Comprimido*, Warner Chappell Edições Musicais Ltda. Todos os direitos reservados.

A Mordida

Quando o canto se inicia, um impacto é causado, pois a primeira coisa que surge é a imagem de uma mordida, marca da violência. "Deixou a marca dos dentes dela no braço": é desta forma singular que começa o samba. Neste primeiro verso, o desentendimento de um casal é apresentado pela imagem da mordida, tatuagem do desamor cravada no braço do personagem central, que aparece em primeiro plano, como uma foto cujo enquadramento é a ampliação de um ferimento. O impacto desta imagem faz com que ela perdure no decorrer do samba. É como se ela ficasse impressa, enquanto a estória se desenrola: a imagem permanece, dialogando com as outras impressões que irão sendo criadas no desenrolar da canção. Neste vazio tenso, provocado pela repetição da célula rítmica, pela ausência de melodia e de harmonia, cria-se uma tela em branco onde será estampada a mordida, sinal de que ele é um sujeito marcado pelo estigma da violência. Nesta primeira imagem estão concentrados os elementos centrais do enredo da tragédia que irá ocorrer:

> Deixou a marca dos dentes
> Dela no braço
> Pra depois mostrar pro delegado
> Se acaso ela for se queixar
> Da surra que levou
> Por causa de um ciúme incontrolado.

O samba conta a estória da degradação de um homem: o personagem central levou uma mordida de sua mulher por causa de uma surra que deu nela. A causa da briga: ciúmes. Neste cenário de violência passional, este homem vai se transformando, bebendo e se tornando sombrio e calado até se suicidar. A narração é feita sempre na terceira pessoa, por um narrador impessoal, que não faz comentários, que não se envolve, apenas relata. Somente na introdução, através do narrador, aparece a voz deste homem "mordido" e esta é uma voz de defesa que mostra que ele feriu mas que também foi e está ferido. Nos demais versos, falar-se-á sempre dele, mas ele não falará mais: ouviremos a voz da sua mulher, a do delegado e também a voz do povo falando dele e do ocorrido, sempre através de um narrador na terceira pessoa. Esta primeira estrofe funciona como um prelúdio da tragédia: apresentação do tema e dos personagens.

Na segunda estrofe, a mulher conta o processo de transformação pelo qual passa este homem, que se torna triste, calado, misterioso, inquieto, sem comer, embriagado, estado deprimente e envolto em mistério, pois ninguém sabe o porquê deste desespero. Isto leva sua mulher a suspeitar que ele tivesse tendo um novo caso amoroso. Daí o ciúmes, que desencadeia a agressão:

> Ele andava tristonho,
> Guardando um segredo
> Chegava e saía,
> Comer não comia
> E só bebia,
> Cadê a paz?
> Tanto que deu pra pensar
> Que poderia haver outro amor
> Na vida do nego
> Pra desassossego
> E nada mais.

Na terceira estrofe, podemos ver que a descrição dele é feita para um delegado. Trata-se de um relato policial, da queixa que a mulher vai fazer à polícia, por ter sido espancada. O delegado apenas escuta e dispensa, pois, diz o samba "Ninguém pode julgar coisas de amor". O delegado declina de seu poder de julgamento. O povo fica intrigado e cada qual opina a seu modo. Como a justiça dos homens não faz nada, a mulher apela para Deus, para a religião – "Ela acendeu muita vela, pediu proteção". Há uma tentativa, por parte da mulher, de recorrer a um poder instituído para resolver um caso de agressão passional, de recorrer à lei, ao direito, para pedir proteção e esclarecimento. Mas como não encontra resposta aí, recorre ao poder espiritual, à reza, às velas: não encontrando respaldo no direito, a mulher busca auxílio no poder religioso, apela para a fé. Mas não é só isso. Se por um lado isso nos leva a pensar na impunidade da violência, também nos leva a pensar sobre a dificuldade de julgar questões amorosas. Pois, diz o samba, "Ninguém pode julgar coisas de amor":

> Seu delegado ouviu e dispensou
> Ninguém pode julgar coisas de amor
> O povo ficou intrigado com o acontecido
> Cada um dando a sua opinião
> Ela acendeu muita vela,
> Pediu proteção,
> O tempo passou
> E ninguém descobriu
> Como foi que ele
> Se transformou.

A presença de um elemento da polícia nas letras de samba é frequente, sendo mesmo anterior a *Pelo Telefone*, primeiro samba gravado em 1917 e que tem a polêmica autoria de Donga. O samba diz assim: "O chefe da Polícia, pelo telefone manda me avisar". Antes disso, o chefe da Polícia já figurava nas cantigas de fado, citadas por Manuel Antonio de Almeida, no romance

Memórias de um Sargento de Milícias (1854-1855). Geralmente o policial surge como elemento repressor, como "inimigo" do samba. O samba seria uma "desordem" e a polícia aparecia quase sempre sem ninguém esperar para reprimir o samba e instaurar a ordem. Em *Comprimido,* embora o delegado seja um emblema da ordem, ele não aparece para reprimir, mas é procurado para tentar explicar a ocorrência – briga e depois suicídio – e dar uma versão dos fatos que explique o ocorrido, que instaure a ordem. Só que ele se declara incapaz de tal proeza.

Na quarta estrofe é relatado o desfecho da tragédia, o suicídio. Quem relata, através da voz do narrador, é a mulher. Num clima de aparente normalidade, "Numa noite, noite de samba, noite comum de novela", ele chega em casa e pede "um copo d'água pra tomar um comprimido". Neste gesto corriqueiro está contida a fatalidade: ele se envenena. O único sinal de anormalidade que aparece nesta estrofe é seu andar cambaleante: este andar bêbado é o indício de que algo está fora da ordem. No entanto, se voltarmos os olhos para os versos anteriores, podemos ver que ali há uma metáfora que exprime a sua derrocada final: ele pede água, e pedir água é uma metáfora tanto de socorro, quanto de falência; tanto quer dizer que se está apelando para que o outro o salve, e neste sentido, é um gesto de preservação da vida, quanto que se está entregando os pontos e desistindo do jogo, e neste sentido é um gesto de morte. Os últimos versos acentuam a força do infortúnio que se cumpre inexoravelmente:

Era tarde demais
Quando ela percebeu
Que ele se envenenou.

Embora os sinais do infortúnio estejam presentes desde o início do samba, ninguém consegue evitar o seu cumprimento; é algo que se pressente, que se insinua, mas que ninguém consegue conter:

Uma noite,
Noite de samba,
Noite comum de novela
Ele chegou
Pedindo um copo d'água
Pra tomar um comprimido
Depois cambaleando
Foi pro quarto
E se deitou
Era tarde demais
Quando ela percebeu
Que ele se envenenou.

Há neste samba uma dialética entre previsibilidade e imprevisibilidade: os sinais da desgraça estão por toda a parte, mas como a sua causa não é clara, eles são ambíguos. O mistério gera ambiguidade que, por sua vez, provoca surpresa, pois se, por um lado, podemos sentir que tudo o que acontece no samba já estava, de um certo modo, previsto desde o início, por outro, o final provoca espanto. Este choque é preparado pelo ambiente de aparente normalidade que antecede o momento do suicídio, que reforça o seu caráter inesperado e também pelo sentimento de espanto que o suicídio sempre provoca em nós: por que um homem se suicida? Por que este homem se suicidou?

Na quinta estrofe, o delegado manda anotar: nada faz e se justifica dizendo que "há coisas que ele não pode julgar". O suicídio, no entanto, se por um lado esclarece os passos da destruição deste homem, se é o ponto final de seu percurso em direção ao infortúnio, por outro, não traz o desfecho do caso, pois o enigma continua: não se sabe por que ele se matou e o veredicto do delegado, daquele que poderia esclarecer o caso, é de que a ocorrência escapa da esfera de seu julgamento. Não se pode julgar coisas de amor, não se pode julgar o suicídio. Depois que o samba acaba, o que não foi compreendido fica ecoando em nossa cabeça:

> Seu delegado ouviu
> E mandou anotar
> Sabendo que há coisas
> Que ele não pode julgar
> Só ficou intrigado
> Quando ela falou
> Que ele tinha mania
> De ouvir sem parar
> Um samba do Chico
> Falando das coisas do dia a dia.

A ideia de que "há coisas que não se podem julgar" é um tema presente em muitas canções populares brasileiras. "O coração tem razões que a própria razão desconhece"[1], canta João Gilberto em *Aos Pés da Cruz*[2]. A tensão entre razão e emoção é um *topos* recorrente no cancioneiro brasileiro e expressa o limite do poder da razão diante da força do sentimento, aponta a tensão entre sensibilidade e racionalidade e a diferença que há entre ambas.

Antonio Candido, em *Dialética da Malandragem*[3], analisando o romance de Manuel Antonio de Almeida, *Memórias de*

---

1. É de Pascal esta citação: "O coração tem suas razões, que a razão não conhece". Pascal, "Pensamentos", fragmento 277, trad. Sérgio Milliet, São Paulo, Abril Cultural, 1973, p. 111.
2. *Aos Pés da Cruz* de Marino Pinto e Zé da Zilda.
3. Antonio Candido, "Dialética da Malandragem", *O Discurso e a Cidade*, São Paulo, Duas Cidades, 1998, pp. 19-54.

um Sargento de Milícias, mostra como naquela obra o escritor conseguiu intuir um princípio estrutural da sociedade brasileira: a dialética entre a ordem e a desordem. Numa sociedade como a brasileira, onde a ordem é criada cercada pela desordem por todos os lados, onde o cidadão é, ao mesmo tempo, um cidadão respeitável e um transgressor, onde norma e transgressão coexistem e se relativizam, há uma certa ausência de julgamento moral, pois não há uma escala clara de valores. Em *Comprimido*, Paulinho intuiu e nos comunicou isto contando uma estória onde o normal e o anormal se interpenetram, onde um homem comum tem um trágico destino incomum, onde um emblemático delegado não pode julgar. Neste samba, a ordem – o amor, a vida – é invadida pela desordem – a violência, a morte – e esta invasão parece vir de dentro para fora, pois não houve um acontecimento, um fato que tenha sido a causa desta tragédia. Parece que foi de dentro daquele mundo e daquele homem que veio uma força de destruição; que foi do interior daquela ordem que nasceu a desordem. A pergunta que somos levados a fazer é: que ordem é esta que provoca num homem tal desordem? Que ordem é esta que traz em si mesma a sua negação? Na verdade, é uma ordem precária e oscilante, onde os limites entre ordem e desordem não são claros e é esta ordem precária que constitui o cerne da sociedade brasileira e do samba *Comprimido*, cerne de um mundo em desequilíbrio, prestes a desabar.

Enigma que Aponta para outra Canção

A pergunta que o samba provoca – Por que este homem se matou? – fica sem resposta. Sua possível resposta é lançada para um outro samba:

Que ele tinha mania
De ouvir sem parar
Um samba do Chico
Falando das coisas do dia a dia.

O enigma desta canção de Paulinho da Viola talvez possa ser decifrado apenas por uma outra canção, *Cotidiano,* de Chico Buarque. Há um recado nesta canção que permanece cifrado e que só poderá, talvez, ser entendido pela escuta de outra. Conversa entre canções, conversa entre compositores, o sentido de *Comprimido* é adiado e amplificado. O samba nos dá um recado: seu sentido talvez seja compreendido quando ouvirmos o recado do samba do Chico.

Estrutura Poética e Musical

Mas, antes de seguirmos este caminho, vamos ver como *Comprimido* está poética e musicalmente estruturado. A letra do samba tem cinco estrofes, com rimas assimétricas e irregulares, que aparecem ora no final dos versos, como delegADO e incontrolADO, segrEDO, nEGO e desassossEGO, pAZ e mAIS; ora no meio deles, rimas internas, como brAÇO, ACASO, CAUSA, SAMBA e CAMBAleando; ora em lugares e estrofes diferentes, como VELA, na terceira estrofe e noVELA, na quarta estrofe. Sonoramente, temos a presença marcante de aliterações durante todo o poema, ora com grupos consonantais formados com R – BR, PR, TR, GR, RR – como BRaço, PRa, mosTRar, suRRa, incontRolado, TRistonho, seGRedo, outRo, PRoteção, descoBRiu, TRansformou, compRimido; ora com sílabas que terminam com esta consoante, como maRca, mostRaR, foR, queixaR, poR, comeR, pensaR, haveR, amoR; ora com a consoante D, como Dos, Dentes, Dela, Depois, DelegaDo, De, incontrolaDo, e ora com as sibilantes S e X, como deixou, dentes, braço, acaso, queixar, surra, causa, ciúme. Arrisco aqui dizer que há uma correspondência entre o som do poema e seu sentido: a presença do R e do D faz com que a sonoridade do texto imite o som da mordida que ele traz marcada em seu braço e que é a primeira imagem do samba: o RRRRRRR, o rangido, o grunhido de raiva e o D, o som do bater dos dentes que se fecham bruscamente para morder.

Poeticamente, não há um ritmo constante, as frases são assimétricas e em alguns trechos parece que estamos muito próximos à linguagem falada. A assimetria das rimas somada à assimetria das frases sinaliza que estamos próximos do verso livre. Trata-se de um texto híbrido, mistura de fala e poema, onde prevalece o ritmo da narração, poema que é uma crônica do cotidiano e onde, ainda que haja muitas e sofisticadas rimas internas e externas, muita aliteração, elementos da poesia, prevalece a fluência da fala, pelo fato do texto não ser regular, não ter uma métrica definida, por ele correr solto, sem marcação simétrica, irregularidade tão característica da fala e da narrativa. Este procedimento, tão caro ao verso livre, está presente neste samba de Paulinho.

Do ponto de vista do texto, podemos dividir o samba em duas partes: na primeira, que abrange da primeira à terceira estrofe, temos a apresentação do tema e do personagem; na segunda, seu trágico desenrolar e desfecho: o suicídio. Este samba, como já vimos, conta a estória da total aniquilação de um homem e canta os passos de sua queda abissal que o conduzirá à autoaniquilação, ao suicídio. A primeira parte apresenta todos os sinais desta queda. O samba começa com a marca da violência estampada no braço do personagem central. Conta a briga do casal, onde há luta corporal causada pelo ciúme e que o caso vai parar na sala do delegado. Retrata o estado psíquico degradante do personagem central, calado, triste, bêbado, inquieto e a suspeita de que a causa deste estado lamentável talvez fosse um outro amor. Mas ninguém compreende realmente o que está acontecendo com ele. Paira um mistério. Vítima e agressor, num estado de profunda degradação, a mordida que ele traz no braço mostra que está marcado pela violência. Esta marca da violência que ele carrega impressa em seu corpo desde os primeiros acordes do samba assinala o destino trágico deste homem, mostra que ele é um sujeito marcado pelo estigma da violência. Esta marca, ao mesmo tempo em que o degrada, pois o coloca na situação de vítima, de ferido, de alguém que não está inteiro, que tem a marca do outro violentamente impressa em seu próprio corpo, também o eleva, pois, em certa medida, o justifica pela violência que praticou (a surra que deu na mulher). Mas, mais do que isto, ela é emblemática, na medida em que nela já está contido todo o destino trágico deste homem. Há uma poderosa síntese nesta imagem, pois dela podemos extrair todos os elementos da tragédia que irá ocorrer, todo o enredo do samba. Ela é uma anunciação do suicídio. Ela é um emblema do círculo vicioso que a violência instaura – a mordida tem uma forma circular, oval – com seu poder de aniquilar tudo, pois a violência a tudo contamina e transforma o sujeito em vítima da sociedade, em agressor do outro e, finalmente, em vítima de si mesmo, completando assim sua dança circular e macabra de completa destruição da vida.

Musicalmente o samba se estrutura assim: há uma introdução (primeira estrofe); duas partes que se repetem, com pequenas alterações (segunda estrofe-A e quarta estrofe-A'; terceira estrofe-B e quinta estrofe-B') e um final instrumental.

Na introdução, os quatro primeiros compassos são percussivos, com contrabaixo e uma sessão rítmica fazendo a marcação. Sobre esta base percussiva entra a voz e, mais adiante, discretamente, o piano elétrico que toca algumas notas, desenhando intervalos melódicos dissonantes que criam tensão com a melodia do canto, fazendo com este um contraponto. Entra o trombone, fazendo marcação rítmica, portanto com função percussiva, substituindo o desenho que o contrabaixo fazia. Nesta parte, chama a atenção a ausência de base harmônica.

    Na parte A, o samba vai para a tonalidade menor (apesar de na introdução não haver uma base harmônica sendo tocada, pela linha melódica do canto, ouvimos que estamos numa tonalidade maior), entra a base harmônica e aumenta a ala rítmica com a entrada da bateria. Temos então piano elétrico, contrabaixo, percussão, bateria e metais – flauta e trombone. Na parte B, o samba volta para o modo maior, a base harmônica continua, mas fica mais leve, com o piano fazendo ora alguns acordes soltos, ora uma frase juntamente com o trombone, fazendo ambos contraponto ao canto e ao desenho dos metais. A sessão rítmica – bateria e percussão – é mantida. Na parte A', modo menor, os instrumentos silenciam e fica só a voz e o tamborim. Essa saída de cena da massa musical faz com que toda a atenção se concentre no canto. Esse momento de concentração no que está sendo dito é exatamente o momento em que eclode a tragédia, o envenenamento. Com isso, o caráter expressivo do arranjo salta aos nossos ouvidos e podemos perceber como nesta obra o arranjo tem um caráter interpretativo, isso é, como ele é parte fundamental da construção do sentido do samba. Na parte B', modo maior, todos os instrumentos voltam e o samba corre solto. Os dois últimos versos se repetem. E no final, uma surpresa: ao invés do samba se resolver harmonicamente, um intervalo dissonante, de sétima maior, feito pela flauta e pelo piano, somados ao trombone, que faz marcação rítmica, cria uma grande tensão musical que deixa o samba ecoando no ar, sem resolução, assim como também não se resolve o enigma do suicídio deste homem. Aqui, mais uma vez, o arranjo tem forte caráter interpretativo. Neste samba, o tecido musical e o tecido semântico estão intimamente entrelaçados, formando uma rede onde todos os fios constituem um único tecido.

Textualmente, a linguagem é clara e precisa como a linguagem de um relato policial: simplicidade coloquial, clareza e objetividade na apresentação impessoal e direta dos fatos e do personagem. Através da voz de um narrador impessoal, sempre na terceira pessoa, é feito um relato descritivo. Esta linguagem simples, direta e descritiva é própria de um depoimento onde se procura dar elementos para que alguém julgue um acontecimento. Não há comentário, tudo é narrado a seco. O narrador descreve e o tom é realista. O primeiro verso sugere também uma manchete de jornal sensacionalista: "Deixou a marca dos dentes dela no braço".

Embora a letra do samba pareça um relato policial, ela não é isso. Podemos ver em *Comprimido* traços da poética de Paulinho da Viola, do seu modo de fazer poesia. Apesar da impessoalidade da narrativa, há aí a pessoalidade criadora do sambista. Um dos traços é a simplicidade, seu jeito de dizer as coisas de um modo natural, direto, coloquial, sem excesso, sem exagero, sem palavras grandiosas. Outro é a emoção contida e trabalhada poeticamente. Há sempre uma elegância presente nos sambas e na figura deste mestre, no modo de trabalhar os fatos e os sentimentos com uma calma reflexiva, um equilíbrio em que a comoção surge pela sensibilidade e originalidade de sua composição e nunca por um transbordamento emocional. A emoção, em Paulinho, é sempre trabalhada com cuidado, com delicadeza, a mesma delicadeza do artesão que constrói cavaquinhos, coisa que ele também faz. *Comprimido* é o relato de uma tragédia, mas em nenhum momento, nem o texto, nem o cantor, carregam as cores de uma estória que, por si, já é trágica.

Relato sobre o relato, samba sobre outro samba: assim vai sendo tecido o sentido desta canção.

O que diferencia o poema de Paulinho da linguagem de um relato policial? Em primeiro lugar, o relato policial não tem uma forma trabalhada, como o poema. Geralmente a pessoa que depõe está abalada pelo ocorrido e sua fala é irregular, fragmentada, é uma tentativa de reconstruir um fato traumático, dentro de uma delegacia de polícia. Aqui o texto é muito elaborado, construído, pensado. O primeiro verso causa um impacto profundo em quem ouve, provoca uma certa desordem emocional, ou, para usarmos as palavras de Manuel Bandeira, um certo "tumulto emocional"[4]. Ele projeta uma imagem forte e, de certo modo, este trecho do samba é assimétrico em relação aos outros: nos outros é contada uma estória encadeada, com uma sequência temporal, neste, uma imagem é lançada vertiginosamente.

Paulinho constrói um clima de impacto e mistério, cria um suspense não só com a letra, mas também com a música. Para contar um mistério o poeta cria um mistério com seu samba. Podemos ver que há aqui uma construção simples e de estrutura sofisticada e um isomorfismo entre o tema e a forma, coisa que não há num depoimento real. Além disso, estamos nos movendo no terreno da ficção, da criação, onde há impessoalidade e indeterminação temporal e espacial. No relato policial, os envolvidos são identificados: nome, sobrenome, idade, nacionalidade, profissão e tudo o mais. Aqui, os personagens nem sequer tem nome. Durante todo o samba o personagem é tratado por "ele" e sua mulher por "ela". Neste samba ninguém tem nome, todos

---

4. Manuel Bandeira, "Poesia e Verso", *Poesia e Prosa*, Rio de Janeiro, Aguillar, 1958, vol. II, p. 1272.

são entidades, seres parcialmente indefinidos: ele, ela, o delegado e o povo. São abstrações. Esta mesma indefinição acontece com o tempo: não se diz a que horas, em que dia e ano, mas apenas

> Numa noite,
> Noite de samba,
> Noite comum de novela.

A noite da tragédia é uma noite atemporal, que nos remete para o universo ficcional, o que é acentuado pelo uso da expressão "numa noite", expressão tão própria às lendas e aos mitos. Ao mesmo tempo, ela nos remete também para um tempo conhecido e atual, tempo do samba e da novela. Então, se por um lado, temos uma referência concreta sobre a realidade – um homem comum, uma noite de samba e de novela, por outro, a falta de contornos mais definidos – não se diz que dia, que mês – nos indica que estamos no terreno da ficção e não da tentativa de reprodução da realidade tal como ela é. Tampouco sabemos exatamente onde é este lugar. O samba diz que "Ele chegou" e sabemos que chegou a sua casa, mas não onde é esta casa; depois sabemos que foi pro quarto, e também sabemos apenas que foi para seu quarto e não onde é seu quarto. Inspirado na realidade, mas destacado dela através de um procedimento de construção e generalização, o poema se destaca do relato. Passamos então para um mundo de abstrações, um mundo de ficção, que, paradoxalmente, funciona como delação de um mundo real e desencantado.

Em *Comprimido,* a não resolução do enigma e a não resolução musical, aliados à indefinição de seres, lugares e tempo reforçam seu caráter de criação ficcional e amplificam e multiplicam a irradiação deste desconcerto e a nossa vontade de compreendê--lo. Ainda mais, canção e poema já trazem em seu próprio âmago esta necessidade de repetição ou de atualização do sentido, pois como diz Valéry, um poema "não morre por ter vivido; ele é feito expressamente para renascer de suas cinzas e vir a ser indefinidamente o que acabou de ser"[5].

Cotidiano

O samba do Chico, *Cotidiano*, fala da opressão de uma relação amorosa, do dia a dia sem encanto e sem desejo. É o canto de um homem esmagado pela rotina de um relacionamento mecânico e banalizado:

> Todo dia ela faz tudo sempre igual
> Me sacode às seis horas da manhã
> Me sorri um sorriso pontual
> E me beija com a boca de hortelã.
>
> Todo dia ela diz que é pra eu me cuidar
> E essas coisas que diz toda mulher
> Diz que está me esperando pro jantar
> E me beija com a boca de café
>
> Todo dia eu só penso em poder parar
> Meio-dia eu só penso em dizer não
> Depois penso na vida pra levar
> E me calo com a boca de feijão
>
> Seis da tarde como era de se esperar
> Ela pega e me espera no portão
> Diz que está muito louca pra beijar
> E me beija com a boca de paixão
>
> Toda noite ela diz pra eu não me afastar

---

5. Paul Valéry, "Linguagem e Pensamento Abstrato", *Variedades*, São Paulo, Iluminuras, p. 213.

> Meia-noite ela jura eterno amor
> E me aperta pra eu quase sufocar
> E me morde com a boca de pavor*.

Ausência do desejo, ausência da surpresa, seres que se relacionam como máquinas. Em lugar do prazer, o medo; em lugar do desejo, a repressão. Vida reificada, gestos sem emoção: mundo sem amor. O que une os amantes é o medo. O protagonista deste samba, um eu lírico desencantado, aceita viver esta vida menor. Ele tem desejo de romper este círculo vicioso do hábito, mas pensa e se cala. Silêncio, medo, tédio:

> Todo dia eu só penso em poder parar,
> Meio-dia eu só penso em dizer não,
> Depois penso na vida pra levar
> E me calo com a boca de feijão.

Cotidiano está no disco *Construção,* nome de um samba que conta de modo inusitado a estória de um operário que se suicida, portanto mais um elo a reforçar a aproximação e o diálogo entre canções, que se estabelece, a partir do samba de Paulinho, com o samba do Chico. A arquitetura de *Construção* é deslumbrante: além das rimas todas serem proparoxítonas, os versos são todos simetricamente construídos por comparação:

> Amou daquela vez como se fosse a última
> Beijou sua mulher como se fosse a única.

No final do samba, os termos das comparações são embaralhados, como se os versos se partissem em dois e depois se jun-

---

* Chico Buarque, *Cotidiano,* © copyright by Marola Edições Musicais Ltda. Todos os direitos reservados.

tassem com outras metades, provocando uma alucinação e uma intensificação do sentido do poema. É como se os blocos da construção se partissem e formassem novos blocos, com novas combinações dos mesmos elementos, criando outros surpreendentes e trágicos desenhos: construção desconstruída e reconstruída até a saturação, até a morte alada do operário, anjo embriagado que dança e se afunda no abismo de um cotidiano esmagador.

Voltando a *Cotidiano*, encontramos nele a chave da decifração do enigma do suicídio narrado em *Comprimido*. O recado esclarecedor e trágico deste samba é a degradação do amor nas engrenagens de um cotidiano opressivo, repetitivo e tedioso, a falta de um horizonte de felicidade. Esta atmosfera opressiva vai impregnando tudo, envenenando gradualmente a alma e o corpo, até o envenenamento final. Diante da mesma falência, o personagem de *Cotidiano* cala-se, o de *Comprimido* mata-se.

Já falamos do impacto que o primeiro verso de *Comprimido* causa por ser a imagem de uma mordida. Pois bem, o impacto do último verso de *Cotidiano* também é uma mordida: "E me morde com a boca de pavor". Espelhamento invertido, os dois sambas contam a estória do desacerto amoroso de dois homens que trazem "a marca dos dentes" de suas mulheres em seus corpos. Ilusões perdidas, o beijo, a marca de batom, a marca do amor cede lugar à mordida, à marca dos dentes, à tatuagem do desamor.

José Miguel Wisnik, em seu ensaio "A Gaia Ciência – Literatura e Música Popular no Brasil"[6], aponta para uma característica nuclear da cultura brasileira: nela há um entrecruzamento entre o erudito e o popular, entre a cultura oral e a cultura escrita e a

---

6. José Miguel Wisnik, "A Gaia Ciência – Música e Literatura no Brasil", *Sem Receita – Ensaios e Canções*, São Paulo, Publifolha, 2004, p. 215.

canção popular ocupa um lugar privilegiado desta conversa entre as diversas artes, entre a música, a literatura, as artes plásticas e o cinema. E *Comprimido* é um samba exemplar neste sentido. Há nele não só uma conversa entre sambas, entre compositores, mas também entre música e literatura. Não sei se Paulinho da Viola teve a intenção de dialogar com Manuel Bandeira, como teve a de dialogar com Chico, mas o fato é que quem quer que tenha lido o "Poema Tirado de uma Notícia de Jornal" não pode deixar de fazer um paralelo entre este poema e o samba, tanto pela temática, pois os dois contam a estória trágica de um enigmático suicídio, quanto pela concepção de poesia que em ambos está implícita, onde o poético é desentranhado do cotidiano.

Davi Arrigucci, analisando este poema de Bandeira[7], mostra que pelo próprio título há aqui uma nova maneira de pensar a poesia: a poesia pode ser tirada de algo, no caso, de uma coisa cotidiana, uma matéria de jornal:

> João gostoso era carregador de freira-livre e morava no morro
>   da Babilônia num barracão sem número
> Uma noite chegou no bar Vinte de Novembro
> Bebeu
> Cantou
> Dançou
> Depois se atirou na Lagoa Rodrigo de Freitas e morreu afogado.

No caso de Paulinho podemos dizer que a poesia pode nascer de um acontecimento trágico e cotidiano, e que o primeiro verso lembra uma manchete de jornal.

---

7. Davi Arrigucci, "Poema Desentranhado", *A Poesia de Manuel Bandeira – Humildade, Paixão e Morte*, São Paulo, Companhia das Letras, 1990, pp. 89-119.

Esta atitude de transformar uma notícia de jornal em matéria de poesia indica uma profunda transformação da atitude estética, pois o poeta se torna alguém capaz de extrair poesia de onde menos se espera: nas palavras de Manuel Bandeira, faz do poeta "um sujeito que sabe desentranhar a poesia que há escondida nas coisas, nas palavras, nos gestos, nos sonhos"[8]. Para fazer isto, o poeta precisa estar numa atitude de "apaixonada escuta"[9], de receptividade para o mundo. Assim, como diz Arrigucci, o poeta já não é aquele ser voltado para si mesmo, buscando expressar a sua subjetividade, mas alguém que se abre para o mundo, para o outro. Há uma abertura na concepção de lirismo, uma abertura do sujeito para o mundo, uma "espécie de objetivação do lirismo"[10]. O poeta enfia suas mãos "na matéria impura do mundo"[11] e dela desentranha a poesia.

No caso de Manuel Bandeira, esta atitude de "desentranhar a poesia da matéria impura do mundo" revela uma profunda mudança nos rumos da poesia brasileira. A linguagem poética passa a incorporar, de modo inusitado, os lugares-comuns da linguagem falada. Rompe-se a barreira que separava a palavra culta, a palavra escrita, da palavra comum, a palavra oral. Isto acontece no Brasil com o Modernismo, na década de vinte, movimento de ruptura com as normas tradicionais da poesia, com a tradição parnasiano-simbolista e momento de nascimento do verso livre, do uso de temas considerados anteriormente não poéticos e de uma linguagem mais próxima à linguagem do cotidiano. Neste momento, "a lírica se abria à novidade da experiência do homem na cidade mo-

---

8. Manuel Bandeira, "Poema Desentranhado", *Flauta de Papel, Manuel Bandeira, Poesia e Prosa*, Rio de Janeiro, Aguillar, 1958, p. 284, citado por Davi Arrigucci, *op. cit.*, p. 92.
9. Manuel Bandeira, "Itinerário de Pasárgada", citado por Arrigucci, p. 92.
10. Davi Arrigucci, *op. cit.*
11. *Idem, ibidem.*

derna". Baudelaire, na Paris do século XIX[12], já radicalizara esta "proposta romântica de libertação da linguagem poética"[13]. Antes dele, Victor Hugo já havia dito não haver diferença entre as palavras elevadas e as palavras comuns, do dia a dia. Como mostrou Eurich Auerbach[14], Baudelaire "infringe toda ideia tradicional da dignidade do sublime poético, aproximando inesperadamente a poesia do terreno prosaico"[15].

No caso de Paulinho da Viola, no samba *Comprimido*, há uma singularidade. Estamos no terreno da música popular brasileira, onde a letra da música já nasce colada à linguagem oral, à linguagem coloquial. A poesia do samba nasce da matéria do mundo, nasce muito próxima da linguagem falada e, nela, o poético já é, em sua gênese, desentranhado do cotidiano. Neste sentido, podemos ver no samba, desde sua origem, elementos desta modernidade que na década de vinte se manifesta na poesia. Basta lembrarmos o polêmico samba de Donga, *Pelo Telefone*.

Davi Arrigucci, analisando o poema de Bandeira, mostra a diferença entre a notícia de jornal e um poema: se por um lado este se baseia na notícia, por outro se diferencia dela, pois "arrancada ao tempo e às circunstâncias fugazes que a transformaram em notícia, esta vira um caso ambíguo, num presente intemporal, recontando indefinidamente o instante final do destino dramático e inexplicável de um pobre-diabo, renovando sempre o convite à nossa compreensão"[16]. No samba de Paulinho acontece

---

12. Davi Arrigucci, *op. cit.*, p. 93.
13. *Idem, ibidem.*
14. Erich Auerbach, "As Flores do Mal e o Sublime", *Inimigo Rumor* n. 8, citado por Davi Arrigucci, *op. cit.*, p. 93.
15. Davi Arrigucci, *op. cit.*, p. 93.
16. *Idem*, p. 90.

isto: o relato da estória é destacado do tempo e do espaço, seus personagens são indefinidos e o samba reconta indefinidamente o instante da tragédia.

É de um cotidiano desencantado que irrompe a poesia de *Comprimido,* poesia gestual, onde o silêncio que envolve o mistério do personagem central é um silêncio "comprimido", que explode na atitude radical da falta de sentido: a morte. Mas, ao mesmo tempo em que a morte do personagem traduz seu abandono fatal ao desencanto, à ausência de sentido, ela abala os pilares daquele mundo constituído, aponta as fraturas de uma ordem que não corresponde aos anseios de um homem comum, uma ordem que comprime os sentimentos e onde a morte aparece para ele como única possibilidade de libertação.

Comprimido é assim uma grande alegoria de um mundo desencantado e opressor, alegoria que está contida no nome do samba, substantivo e adjetivo, cápsula e encapsulado, nome que já contém o drama e seu desfecho, pois é pelo "comprimido" que o personagem deixará de se sentir "comprimido", é através dele que encontrará a liberdade. Veneno amargo, que se espalha e que desarticula o precário mundo que o samba descortina, mundo ficcional, com ressonâncias tão próximas à vida real. Remédio e veneno, o comprimido usado como veneno para dar cabo da vida acaba por ser o remédio para uma situação onde o homem não encontra saída, onde a saída vislumbrada é a morte. Assim se configura a tragédia, tragédia de um homem comum que diante das ilusões perdidas, sente que a vida perde sentido e dá cabo dela. O enigma desta canção é resolvido pelo diálogo que ela mesma propõe com outra canção, *Cotidiano,* canção que fala de um dia a dia esmagador e sem encanto, da morte do amor pela rotina e da falta de um novo horizonte. *Comprimido* também dialoga com "Poema Tirado de uma Notícia de Jornal", pois além de haver um desenho trágico unindo o destino dos dois protagonistas, a poesia que se instaura pelo choque de um acontecimento que sacode o cotidiano também une as duas obras. Esta tragédia de um homem comum diante de uma vida reificada e sem sentido une trágica e esteticamente os quatro personagens: os das três canções, *Comprimido, Cotidiano* e *Construção* e o do poema de Bandeira, "João Gostoso".

Este samba triste e genial de Paulinho da Viola condensa em seu título todo o sentido da canção. E, mais ainda, podemos fazer aqui uma analogia entre o ato de poetar e o ato de comprimir, na medida em que no fazer poético há uma compressão do sentido e as palavras como que se tornam imantadas, ou, como diria Borges, recuperam a sua força mágica original[17]. O texto poético é um texto onde um amplo leque de sentidos é comprimido, tornando a palavra plena de múltiplos possíveis significados e onde, através da leitura, este leque se abre, eclode, possibilitando múltiplas combinações e interpretações. E esta é uma delas.

A faixa seguinte é o samba de quadra *Não Leve a Mal*, de autoria de Paulinho. Samba de quadra, como já diz o nome, é aquele feito para ser tocado nas quadras das escolas de samba durante o ano, sem a finalidade de ser usado para o desfile de carnaval. Nele o sambista dialoga com o diretor de bateria da Portela, sua escola, sobre algum dilema da escola, algo que aconteceu e que não é explicitado – "aquela situação" – e que foi desastroso – um "vendaval" – e propõe que o que passou seja esquecido e que eles voltem a ensaiar – "Reúna nossos batuqueiros / Que eu já peguei meu violão" e "O nosso destino é lutar / Portela não vai deixar cair / Aquilo que construiu":

---

17. Jorge Luis Borges, "Pensamento e Poesia", *Esse Ofício do Verso*, São Paulo, Companhia das Letras, p. 84.

> Seu diretor de bateria
> Aquilo que eu disser não leve a mal
> Seu diretor de bateria
> Aquilo que eu disser não leve a mal
> Agora que chegou a calmaria
> Vamos esquecer do vendaval
> Reúna os nossos batuqueiros
> Que eu já peguei meu violão
> Pois este ano a Portela vai sair
> Pra decidir aquela situação
> Pois este ano a Portela vai sair
> Pra decidir aquela situação
>
> Quem chorou, chorou,
> Quem sorriu, sorriu,
> O nosso destino é lutar
> Portela não vai deixar cair
> Aquilo que construiu*.

Samba com arranjo tradicional, com ênfase na percussão e no coro.

Em seguida vem a faixa-título *Nervos de Aço*, samba-canção de Lupicínio Rodrigues, o grande compositor da dor de cotovelo. O poema tem duas estrofes de oito versos, com muitas rimas no final e no meio das frases. Durante todo o poema a palavra "AÇO" aparece inúmeras vezes – "E depois encontrá-lo em um brAÇO / Que nem um pedAÇO do meu pode ser" e "Há pessoas com nervos de AÇO / Sem sangue nas veias e sem corAÇÃO / Mas não sei se passando o que eu pAsso" o que reforça a imagem central do poema.

---

* Paulinho da Viola, *Não Leve a Mal*, Warner Chappell Edições Musicais Ltda. Todos os direitos reservados.

Toda a alta tensão que ela contém fica ecoando durante toda a canção – "aço, aço, aço" – repetição que quase satura a imagem e provoca uma quase explosão dela. E o fato dela não explodir nos remete outra vez ao tema e título do samba canção, "nervos de aço", expressão popular, usada para falar de alguém que é frio, "sem sangue nas veias e sem coração", alguém que tem muita resistência ao sofrimento. No caso da canção, não é isto o que acontece com o eu lírico que perde seu amor para um outro: ele sofre intensamente a ponto de ter desejo de se aniquilar, de não querer mais viver. O desejo de aniquilação diante da dor de amor é um motivo nuclear deste disco. Ele está presente em outras canções, como *Comprimido*, onde este desejo se cumpre pelo suicídio, e em *Roendo as Unhas*, onde ele é cantado como um lamento.

A interpretação de Paulinho é suave, apesar da densidade emocional da canção. Aliás, Paulinho sempre diz de forma suave, nunca carrega as cores. Sua emoção é destilada por uma sensibilidade delicada que não cai nunca em extremos, em arroubos. Trata a dor com elegância, com sensibilidade, e não com desespero. Mas é preciso assinalar que Paulinho da Viola nunca é frio em suas interpretações; muito pelo contrário, ele nos comove profundamente, mas sem se exasperar, com uma pontuação delicada, precisa e sensível.

Na introdução do samba, acentua-se a levada do bolero, com marcação rítmica bem definida. No decorrer da música, a atuação mais livre do piano e do sopro parece nos remeter ao universo do choro e do *jazz*, e o fraseado convida à improvisação, coisa que aqui é apenas sugerida, não acontece. Isto acontecerá em grande estilo em *Roendo as Unhas*, que é a canção seguinte.

Um tema presente na poética de Paulinho da Viola é o diálogo dele com sua obra, do sambista com o samba. Ele não só fala do "seu" samba, como fala com "seu" samba. Às vezes dialoga com ele como alguém que fala com um amigo íntimo, capaz de compreender os nuances de seus sentimentos e as vicissitudes a que se está sujeito nesta vida. É uma conversa franca, íntima, de exposição de sentimentos, de alegrias, de incertezas. Há um tom confessional no diálogo entre ele e sua canção. Em *Roendo as Unhas*, ele se queixa, dizendo que "seu samba" não se importa com ele:

> Meu samba não se importa que eu esteja numa
> De andar roendo as unhas pela madrugada
> De sentar no meio fio não querendo nada
> De cheirar pelas esquinas minha flor nenhuma.
>
> Meu samba não se importa se eu não faço rima
> Se pego na viola e ela desafina
> Meu samba não se importa se eu não tenho amor
> Se dou meu coração assim sem disciplina
>
> Meu samba não se importa se eu desapareço,
> Se digo uma mentira sem me arrepender
> Quando entro numa boa ele vem comigo
> E fica desse jeito se eu me entristecer*.

A canção tem três estrofes: com quatro versos. Na primeira estrofe, a palavra "unha" ressoa em "numa", "minha", "nenhuma", o que reforça o sentido de "roer as unhas", ato nervoso, destrutivo e repetitivo. As frases são regulares, com rimas finais simétricas – A, B, B, A, – e rimas internas – "unhas", "minha".

A segunda estrofe tem uma estrutura mais solta, mais livre, com poucas rimas. O interessante é que a rima acontece exatamente quando o eu lírico diz que não faz rimas:

---

* Paulinho da Viola, *Roendo as Unha*s, © copyright 1973 by Edições Musicais Tapajós Ltda. Todos os direitos reservados.

> Meu samba não se importa seu eu não faço rima
> Se pego na viola e ela desafina
> Meu samba não se importa se eu não tenho amor
> Se dou meu coração assim sem disciplina.

Já vimos em *Para Ver as Meninas* como o paradoxo é um dos elementos da poética de Paulinho da Viola.

Roendo as Unhas, como já diz o título, expressa um estado nervoso, de aniquilamento do sujeito: "Meu samba não se importa se eu desapareço". O sentimento de total desimportância, de nulidade do sujeito está estampado no fato de todas as frases começarem com "Meu samba não se importa", e é ainda reforçado pelo teor negativo do texto: "não se importa", "não querendo nada", "flor nenhuma", "não faço rima", "desafina" (não afina), "não tenho amor", "sem disciplina", "desaparecer", "mentira" (não verdade), "sem me arrepender".

O sentimento de nulidade que este sujeito experimenta e expressa é ampliado se lembrarmos que tradicionalmente o fiel companheiro do sambista, quando todos lhe voltam as costas, é o violão. O desacerto do sambista com o mundo é "concertado" pelos acordes do violão. Como diz Chico Buarque, "Meu melhor amigo é meu violão". Imaginamos, pois a dimensão de solidão experienciada pelo poeta quando seu melhor amigo e talvez único-último amigo não lhe dá importância. Total abandono e desencanto –

> Sentar no meio fio não querendo nada
> E cheirar pelas esquinas minha flor nenhuma.

Mundo do não, do nada, da ausência do querer, da nulidade.

As frases melódicas da canção repetem-se obstinadamente, havendo apenas pequenas alterações no final das frases e duas frases onde há um desenho melódico um pouco mais aberto. Estamos aqui no limite entre a fala e o canto, ou melhor, entre o gemido e o canto. Paulinho começa cantando por alguns compassos uma única nota, numa vogal chorada – ô, ô –, que se prolonga e pode sintetizar o sentido do samba: um lamento, um choro. Como no choro humano, o movimento melódico é pequeno e descendente: a primeira frase da melodia do canto é feita por apenas três notas musicais, sendo que a primeira nota, si, se repete consecutivamente por seis vezes, a segunda, lá, também se repete por seis vezes e a última nota aparece uma única vez para encerrar a frase e é si bemol, isto é, uma nota meio tom mais baixa que a anterior. Com uma variação melódica tão reduzida, parece que estamos muito mais no domínio da fala do que no da música. No domínio da música da fala, da música do choro. Como no choro humano, há momentos mais intensos onde a melodia agudiza-se – "Meu samba não se importa se eu não tenho amor" e "Meu samba não se importa se eu desapareço, / Se eu desapareço, se eu desapareço". Se por um lado, musicalmente, não há desenvolvimento melódico, há uma melodia que é quase uma fala, que é um lamento, por outro, o samba se estabiliza numa sequência harmônica de quatro acordes dissonantes, que se repetem do começo ao fim, o que cria um campo de tensão harmônica que apesar de dissonante é definido, é previsível, pela sua obstinada repetição e é, ao mesmo tempo, um campo de estranhamento musical, principalmente por se tratar de um samba, pois mesmo nos sambas sofisticados de Paulinho, salvo raras exceções, predomina a harmonia tradicional e a ênfase da atenção musical se concentra na melodia e no ritmo. Estranhamento e previsibilidade: estes são os elementos que compõem o campo musical desta canção, onde a atenção e o interesse musical se encontram não na melodia, mas na harmonia. Tanto é assim que o samba convida os instrumentos e o cantor à improvisação melódica. E é isto que vai acontecer no decorrer do samba. A frase melódica pode ser alterada dentro dos parâmetros musicais propostos pela harmonia. E não só pode como parece até sugerir aos intérpretes esta liberdade. Neste sentido, há um toque jazzístico neste samba: a sequência harmônica ocupa o lugar central da composição e convida ao improviso. Este toque jazzístico também é suscitado pela instrumentação usada neste samba que alia os instrumentos acústicos tradicionais, ao piano elétrico, ao baixo elétrico e à bateria, sinalizando uma modernização do samba. Em sua parte cantada, o naipe de sopros dialoga dissonantemente com o canto e, na parte instrumental, os instrumentos improvisam sobre a base harmônica. Além da originalidade timbrística, resultante da combinação dos instrumentos, há casos em que mesmo os instrumentos tradicionais do samba, como é o caso do trombone, vão ter uma atuação diferente, ao improvisar sobre as dissonâncias de *Roendo as Unhas*. O resultado é deslumbrante. Na terceira vez em que o samba é cantado, o piano improvisa ao mesmo tempo em que Paulinho está cantando procedimento muito comum ao *jazz*, bastando lembrar, por exemplo, algumas maravilhosas gravações de Billie Holiday, de Ella Fitzgerald.

Mas, além deste toque jazzístico – improvisação, harmonia e instrumentação –, este samba é um samba-choro, e agora estamos falando do gênero musical, pela sua parte rítmica, pela sua levada, pois ritmicamente é um choro e sua batida é a mesma do início ao fim do samba. E a improvisação não é apenas uma indicadora da presença do *jazz*, mas também do choro, pois é uma prática comum entre os chorões. Estilisticamente então *Roendo as Unhas* é um samba-choro, com toque jazzístico.

Vou me adiantar um pouco e falar da música que encerra o disco, o instrumental *Choro Negro*, pois acho interessante fazer um contraponto entre os dois choros. Em *Choro Negro*, a invenção melódica é sofisticada e é a melodia que dá unidade à canção. A harmonia é tradicional, discreta, sem dissonâncias e tem a função de acompanhar a melodia. O ritmo vai imprimir a levada do choro. Em *Roendo as Unhas*, a unidade da canção é garantida pela repetição da sequência harmônica, que é dissonante, e pelo ritmo, que cria uma base rítmica constante. A linha melódica não garante a unidade da canção, antes, sugere sua alteração, sugere o improviso que acaba surgindo como que naturalmente dentro deste campo musical assim construído. Se em *Choro Negro* o sentimento do choro, da tristeza nasce de um desenvolvimento melódico refinado, com frases predominantemente descendentes, em *Roendo as Unhas* há um isomorfismo: é a sonoridade do samba que lembra um lamento, é sua estrutura musical que é parecida com a estrutura sonora do choro humano.

A faixa seguinte é o samba-canção de Zé da Zilda, Cartola e Carlos Cachaça: *Não Quero Mais Amar a Ninguém*. Novamente o tema da desilusão amorosa e neste samba o destino aparece como o motivo do fracasso amoroso. Ao poeta só cabe aceitar seu destino e não querer mais amar para não sofrer. Lindas passagens poéticas –

Semente de amor sei que sou desde nascença
Mas sem ter brilho e fulgor, eis minha sentença.

Samba-canção em duas partes, nele estão presentes elementos do choro, quer na instrumentação, quer no modo de tocar os instrumentos, como, por exemplo, a baixaria do violão, típica do gênero. A presença do cavaquinho, sempre na primeira parte da canção, ora fraseando e dialogando com o cantor, ora fazendo alguns acordes, também contribui para a coloração chorística do samba. Paulinho da Viola me contou que neste samba há um verso que ele adora e que gostaria de ter escrito: "Às vezes dou gargalhada ao lembrar do passado".

Quebrando o clima de tristeza, que vem imperando no disco, entra o humor em *Nega Luzia,* samba jocoso de Wilson Batista e Jorge Castro, momento cômico, de descontração e risada. Vale a pena citar a segunda parte do samba:

> Vou contar a vocês o que a nega fez
> Era de madrugada, todos dormiam,
> O silêncio foi quebrado
> Por um grito de socorro
> A nega recebeu um Nero
> Queria botar fogo no morro.

Depois deste breve instante de humor, é a vez de *Cidade Submersa,* samba-canção, com tonalidade de choro, momento de luto e melancolia, de beleza marinha e enigmática:

> Ergo em silêncio
> Como um pirata perdido
> Minha negra bandeira
> E me sento
> Mexo e remexo e me perco
> E adormeço nas ruínas
> Da cidade submersa
> Sonhando um mar que não conheço
> Como não conheço as ondas do meu coração
>
> Restaram que nem cinzas, cicatrizes,
> Que tentei cobrir ainda com pudor
> Na memória tantas vagas
> Que nem posso repetir ou explicar

Se me doeu azar
Não quero saber de nada*.

    A imagem do luto inicia o poema: um pirata perdido, em silêncio, erguendo sua negra bandeira, em meio às ruínas de uma cidade submersa. Todos os elementos são escuros, tristes e desoladores, sinais de um mundo destruído. Tudo está desfeito. A imagem da morte do sonho se desenha magistralmente nos primeiros versos do samba. O poema é feito de belas e fortes imagens, símbolos de dor e procura, de busca e de desentendimento de si e do mundo. O pirata, ser marginal e imaginário, não encontrou o que procurava, não encontrou um tesouro, mas sim as ruínas de uma cidade submersa, que aqui aparece como paisagem simbólica tanto do mundo exterior quanto do mundo interior do poeta, pois ele faz uma analogia entre o mar que não conhece e as ondas desconhecidas de seu coração. O aspecto misterioso, profundo e oscilante do mar é análogo ao de seu coração. O mundo externo e o interno aparecem fundidos no eu lírico; o objetivo e o subjetivo formam uma intrincada, desolada e triste unidade. Melancólico, ele contempla as ruínas e, resignado, sente-se perdido entre as vagas que habitam o mar, assim como as que habitam seu mar interior. Neste samba, a decepção e a não compreensão de si e do mundo abrem uma via para o sentimento de infinitude: a imensidão do mar é análoga à imensidão do que é desconhecido. Diante da perda, ele não encontra explicação: apenas uma não querer saber de nada.

    Mais uma vez a presença de Chico Buarque neste disco de Paulinho, só que, agora, não através de uma citação, mas pela presença de uma canção que Paulinho interpreta: *Sonho de um Carnaval*.

---

* Paulinho da Viola, *Cidade Submersa*, Warner Chappell Edições Musicais Ltda. Todos os direitos reservados.

Carnaval, desengano
Deixei a dor em casa me esperando
E brinquei e cantei
E fui vestido de rei
Quarta-feira sempre desce o pano.

Carnaval, desengano
Essa morena me deixou sonhando
Mão na mão, pé no chão,
E hoje, nem lembra não,
Quarta-feira sempre desce o pano

Era uma canção, um só cordão,
Uma vontade
De pegar a mão de cada irmão
Pela cidade

No carnaval, esperança,
Que gente longe viva na lembrança
Que gente triste possa entrar na dança
Que gente grande saiba ser criança*.

Este samba foi gravado por Chico em 1966. A gravação do Chico tem uma levada ligeira, ele canta uma vez o samba inteiro, e depois entra uma bateria de escola de samba e um coro feminino e o samba fica carnavalesco de vez. A interpretação de Paulinho é bem diferente. Ele desacelera o andamento, canta mais lentamente e com esse procedimento o texto ganha mais relevo e o sentimento também. O canto do sambista parece um lamento e uma prece: um lamento pela dor que o está esperando em casa, dor do real, da vida sem fantasia que impera depois do carnaval e

---

* Chico Buarque, *Sonho de um Carnaval*, © copyright 1965 by Editora Musical Arlequim Ltda. Todos os direitos reservados.

uma prece pela esperança que esta festa causa no coração do poeta ao ver a multidão alegre, cantando e dançando de mãos dadas, ao ver que isto, ainda que breve, é possível.

É a presença, ainda que tímida, da esperança, que sinaliza uma abertura neste universo de sofrimento, abertura que pode significar transformação e um novo mundo, com menos dor e mais alegria. O samba termina com esta prece que a esperança tece:

> No carnaval, esperança
> Que gente longe viva na lembrança
> Que gente triste possa entrar na dança
> Que gente grande saiba ser criança.

A última faixa do disco é *Choro Negro*. Sobre ela já falei um pouco. Acho que merece atenção o fato deste choro ter sido tocado com apenas dois instrumentos: o piano e o cavaquinho. É um choro sóbrio, sem nenhum tipo de excesso. A dor destilada em sua essência. O choro é tocado três vezes. Na primeira vez em que é tocado inteiro, o cavaquinho faz a melodia e o piano o acompanhamento e, só raramente, alguma frase melódica. Na segunda vez o piano é que toca sozinho toda a primeira e a segunda parte, entrando o cavaquinho na terceira, solando a melodia. E, para finalizar, apenas a primeira frase do choro, solada pelo cavaquinho, com acompanhamento de piano. Só que aí esta primeira frase não é finalizada, ela é interrompida, acaba antes de acabar. *Nervos de Aço* termina sem terminar. Quando o disco acaba de tocar, ele continua soando em forma de tensão: o choro não para, fica suspenso, belo e triste e derrama-se silenciosamente no ar.

7. As Vozes do Samba

sambar é chorar de alegria
é sorrir de nostalgia
dentro da melodia

NOEL ROSA

Samba não tem geometria

ELZA SOARES

DE SAMBA EM SAMBA

Este capítulo foi inspirado em Manuel Bandeira e segue as pegadas de seu texto *Poesia e Verso* em que ele conta que "embatucou" quando quis encontrar uma definição de poesia. Logo ele, que fazia versos desde cedo. Comigo estava acontecendo algo parecido. Ouço e canto samba desde menina, mas quando tentei dizer o que o samba era, vi que não sabia por onde começar. De samba em samba, de batucada em batucada, também estava "embatucada". Então resolvi seguir humildemente o caminho desse mestre-poeta e comecei a fazer uma pequena antologia de definições de samba extraída ora de canções, ora de escritos de estudiosos do assunto, ora de depoimentos de compositores. Aviso aos navegantes: o assunto é complexo e amplo, mar aberto, horizontes largos e, às vezes, por ventura, algum porto temporariamente seguro. Temporariamente, pois, logo em seguida, somos lançados novamente ao mar.

Em primeiro lugar, recorri aos sambas de Paulinho da Viola. Em *Nas Ondas da Noite*, o samba aparece como uma expressão viva, como algo que se transforma:

> Pois o samba se transforma como a vida,
> Assim como essa chama de amor que não morreu,
> Acende uma chama.

Aqui temos a ideia de que o samba é como a vida e que, como ela, se transforma. A chama aparece como elemento que está na essência de ambos, o elo desta comparação. A chama é vida, luz, transformação, movimento e calor, essência do samba, do amor e da vida. Esta analogia do samba com a chama é um motivo presente na poética de Paulinho.

Em *Guardei Minha Viola*, o samba aparece como evocação, como rememoração:

> Minha viola vai pro fundo do baú
> Não haverá mais ilusão
> Quero esquecer, ela não deixa,
> Alguém que só me fez ingratidão.

A memória retém a imagem do amor que o sambista quer esquecer e o samba evoca a sua presença, mantém viva a lembrança. Para poder esquecer a amada, o sambista precisa parar de tocar e guardar sua viola no "fundo do baú". É interessante a gente pensar que "fundo do baú" é uma imagem que exprime o inconsciente, esse lugar obscuro onde as imagens permanecem pulsando vivas; lugar do desejo reprimido, do desejo que resiste e entra em luta com a razão. As imagens submersas, recalcadas, frequentemente modeladoras de nossos sentimentos, muitas vezes são trazidas à tona pela música e pela poesia. Neste sentido, "fundo do baú" pode ser lido como uma metáfora do inconsciente e o samba como um modo de expressão da lembrança, como evocação.

O samba aparece como momento de contemplação, inspiração e iluminação em *Dança da Solidão:*

> Quando chega a madrugada
> Meu pensamento vagueia,
> Corro os dedos na viola
> Contemplando a lua cheia,
> Apesar de tudo existe
> Uma fonte de água pura,
> Quem beber daquela água
> Não terá mais amargura*.

Num momento de inspiração e solidão, o poeta, tocando seu violão e contemplando a lua, tem uma iluminação: há uma fonte de água pura, algo que não se corrompe mesmo diante da amargura da vida. O samba aqui é iluminação profana, sabedoria.

Em *Bebadosamba*, Paulinho faz uma verdadeira anatomia do samba. O samba é choro dolente, espontâneo, rude, lembrança que comove, alívio:

> Meu choro, Boca,
> dolente por questão de estilo,
> é chula quase raiada,
> solo espontâneo e rude,
> um rio de murmúrios da memória
> de meus olhos
> e quando aflora
> serve, antes de tudo,
> para aliviar o peso das palavras,
> que ninguém é de pedra.

---

* Paulinho da Viola, *Dança da Solidão*, Warner Chappell Edições Musicais Ltda. Todos os direitos reservados.

Choro: gênero musical e emoção. O choro, música, assim como a lágrima, é dolente, desliza manso, é espontâneo, acontece sem premeditação, é rude, não se contém. O choro-música é lágrima musical que se derrama nas cordas do violão, trazendo alívio, desafogando os sentimentos oprimidos no peito. É um transbordamento da emoção.

A ideia de bálsamo, de cantar para aliviar "o peso das palavras", de cantar para aliviar a dor contida no pensamento, na razão, é um *topos* característico do samba. *Apoteose do Samba*, de Silas de Oliveira e Mano Décio, gravado por Paulinho, termina com este verso: "Eu canto pra esquecer a nostalgia". O alívio da dor, a alquimia que consiste em transformar a dor em prazer, em através do canto e da dança criar e sentir prazer e alegria apesar das dores do mundo é um elemento nuclear do samba. A vitória do prazer em meio ao sofrimento é uma de suas maiores glórias. Há nisto uma liberdade, uma felicidade "autônoma", uma zona inacessível, onde as pessoas são donas de si, são rainhas e reis, mesmo em meio à miséria deste tão desconcertado e desconcertante mundo. Há um outro mundo, um território que tem suas próprias leis, sua própria arte, sua própria magia: o mundo do samba.

Em *Bebadachama*, a imagem da chama reaparece, mas agora com duplo significado: a chama é fogo – luz, calor e transformação – e também verbo chamar; o samba é chama e chamada; é a chama acesa que mantém viva a tradição evocando seus criadores:

> Chama que o samba semeia
> A luz de sua chama,
> A paixão vertendo ondas,
> Velhos mantras de Aruanda,
> Chama por Cartola, chama
> Ventura, João da Gente, Claudionor

> Chama por mano Heitor, chama
> Ismael, Noel, Sinhô,
> Chama Pixinguinha, chama.

Em *Coisas do Mundo, Minha Nega* o samba aparece como narração do mundo, pois é através do samba que o poeta conta o que viu e por onde andou antes de chegar aos braços da amada; como gozação, quando o sambista encontra Zé Fulero, que só conta desgraça, e canta prá ele um "samba sincopado / que zombou do seu azar" e também como acalanto, quando o poeta encontra Seu Bento bêbado e diz: "cantei um samba pra ele / que sorriu e adormeceu".

Lembrando outros sambistas, Zé Kéti em *A Voz do Morro* diz:

> Eu sou o samba
> A voz do morro sou eu mesmo, sim senhor.

O samba é voz do morro, dos que são excluídos da cidade, dos negros, pobres e marginalizados, que vivem numa outra zona e que descem de lá e espalham sua exuberante e mágica música por toda a cidade.

A ideia do samba como a voz do morro é muito polêmica, pois o samba não nasceu no morro e depois desceu para a cidade. Ele nasceu no início do século XX, em lugares espalhados pela cidade do Rio de Janeiro, localizados no morro e no centro, como a Praça Onze, por exemplo, e teve nas casas das Tias Baianas, que vieram do Recôncavo Baiano, um de seus mais fortes redutos. Bem, parece que a voz do samba é a voz do morro e da cidade. Mas nas canções o morro aparece como o lugar de origem do samba, como o território do samba, da cultura popular em oposição à cidade, ao asfalto, à cultura da classe média e da elite.

Aí vem Noel Rosa, para embatucar um pouco mais o assunto, e canta em *Feitio de Oração*:

O samba, na realidade
Não vem do morro
Nem lá da "cidade".

E agora? Ele mesmo responde:

E quem suportar uma paixão
Sentirá que o samba então
Nasce do coração.

Este samba e a própria figura de Noel parecem ser um sinal de que o samba rompeu as barreiras sociais, saiu de seu território e penetrou em outras regiões da cidade, na classe média que passa não só a ouvir como a criar este tipo de canção.

O samba é a voz do coração, diz Noel. Aqui, o samba é visto como uma expressão universal, linguagem do afeto, do sentimento, não importando a questão social. Ele não estaria preso a uma realidade concreta, em que o social iluminaria a sua compreensão. Nesta concepção romântica a paixão vai gerar e explicar o samba.

Mas se o social não pode traduzi-lo literalmente, pode sim nos contar um pouco de sua história e de sua origem. E a história do samba nos diz muito sobre o que ele é.

UM POUCO DE HISTÓRIA: O SAMBA CARIOCA

A matriz do samba brasileiro foi criada pelos negros escravos que vieram, viveram e nasceram no Brasil e que mesmo após o fim da escravidão continuam, em sua maioria, vivendo em condições de pobreza e de marginalidade. São eles os criadores de grande parte de nossa exuberante e bela cultura popular, principalmente da dança e da música. O samba nasceu no seio da sociedade brasileira, no início do século XX, como uma das formas de resistência da cultura negra. Marginalizado e perseguido na sua origem vai se tornar, mais tarde, símbolo de brasilidade, um dos ícones mais importantes da cultura nacional.

Para falar da exuberância que o negro trouxe para a cultura brasileira, vale a pena citar Gilberto Freyre que em *Casa-Grande e Senzala*, referindo-se à plantação da cana-de-açúcar na Pernambuco do século XVII, escreve:

> Foi ainda o negro quem animou a vida doméstica do brasileiro de sua maior alegria. O português, já de si melancólico, deu no Brasil por sorumbático, tristonho; e de caboclo nem se fala: calado, desconfiado, quase um doente na sua tristeza. Seu contato só fez acentuar a melancolia portuguesa. A risada do negro é que quebrou toda essa "apagada e vil tristeza" em que se foi abafando a vida nas casas-grandes.

E, continua ele:

> Nos engenhos, tanto nas plantações como dentro de casa, nos tanques de bater roupa, nas cozinhas, lavando roupa, enxugando prato, fazendo doce, pilando café; nas cidades carregando sacos de açúcar, pianos, sofás de jacarandá de ioiôs brancos – os negros trabalhadores sempre cantando: seus cantos de trabalho, tanto quanto os de xangô, os de festa, os de ninar menino pequeno, encheram de alegria africana a vida brasileira. Às vezes um pouco de banzo: mas principalmente de alegria[1].

Estes elementos – alegria, exuberância, banzo e musicalidade – enfatizados por Gilberto Freyre, são traços da cultura negra que

---

1. Gilberto Freyre, *Casa-Grande e Senzala*, pp. 462-463.

atravessaram os séculos e que vão caracterizar, no século XX, o espírito do samba.

José Ramos Tinhorão inicia sua *Pequena História da Música Popular* fazendo uma distinção entre música folclórica e música popular: folclórica é aquela de autor desconhecido, nascida e transmitida oralmente; popular aquela que tem autoria conhecida e é divulgada quer graficamente, por partituras, quer oralmente, mediada pela indústria, por meio de discos, rádio, filmes etc. No Brasil, a música popular surge no século XVIII em Salvador e no Rio de Janeiro, as duas principais cidades coloniais, concomitantemente ao nascimento da classe média urbana. Nos primeiros duzentos anos da colonização portuguesa, diz Tinhorão, era impossível haver música popular já que não existia povo. Os índios, habitantes originais da terra, em sua maioria nômades ou vivendo em organizações criadas pelos jesuítas, tinham sua própria cultura; os negros, trazidos da África como escravos, viviam confinados nas terras de seu senhor e também tinham sua própria cultura e os raros brancos e mestiços livres formavam uma minoria sem expressão. Os únicos tipos de música ouvidos no Brasil neste tempo, explica ele, eram os cantos das danças rituais indígenas, os batuques dos africanos e por fim, as canções dos colonizadores europeus.

Para que houvesse música popular brasileira seria preciso que surgisse alguém que fosse capaz de fazer uma síntese desses elementos. O primeiro compositor popular iria surgir na metade do século XVIII, na figura de um mulato que tocava viola, cantava e compunha modinha e lundu: Domingos Caldas Barbosa. Se na modinha o que predomina é o aspecto melódico e as letras românticas, no lundu, que também é um dos nomes do batuque africano, é o ritmo e as letras maliciosas. No início do século XIX surgem o maxixe e o tango brasileiro. Nesse universo sonoro já estava em gestação dois dos principais gêneros da música popular brasileira: o choro e o samba.

É da síntese dos ritmos afro-brasileiros com os gêneros musicais de origem europeia que nasce o samba. O que vai caracterizá-lo ritmicamente é a presença da síncopa, isto é, o "deslocamento do acento rítmico normal do tempo forte de um compasso para outro que usualmente tem batida fraca"[2]. Muniz Sodré, em *Samba, o Dono do Corpo*, diz o seguinte: "O corpo exigido pela síncopa do samba é aquele mesmo que a escravatura procurava violentar e reprimir culturalmente na história brasileira: o corpo do negro". E ainda: "Nos quilombos, nos engenhos, nas plantações, nas cidades, havia samba onde estava o negro, como uma inequívoca forma de resistência ao imperativo social (escravagista) de redução do corpo do negro a uma máquina produtiva e como uma afirmação de continuidade do universo cultural africano"[3]. Mário de Andrade, em *Ensaio sobre a Música Brasileira*, disse que a rítmica brasileira é formada pela combinação da quadratura métrica regular, característica da música europeia, com uma rítmica baseada em tempos irregulares, proveniente das músicas africanas e indígenas.

O samba carioca nasce nos redutos negros da cidade. Sérgio Cabral, em *As Escolas de Samba do Rio de Janeiro,* chama a atenção para o fato de "que a comunidade negra, instalada no centro da cidade do Rio de Janeiro, criava, mais do que um gênero musical, uma cultura musical"[4]. Dizer isto significa dizer que o samba é uma expressão complexa, que o seu sentido não se resume nem à sua estrutura musical, nem a um determinado estilo de letra de

2. *Dicionário de Música,* org. Alan Isaacs, Elizabeth Martin, trad. Álvaro Cabral, p. 353.
3. Muniz Sodré, *Samba, o Dono do Corpo,* p. 12.
4. Sérgio Cabral, *As Escolas de Samba do Rio de Janeiro,* p. 27.

música, mas que é uma expressão ancorada dentro de um universo sociocultural, em que música, dança, religião, vida, valores se entrelaçam e se iluminam, criando uma teia de significações; em que cada expressão singular é constituída pelos elementos que compõem este tecido cultural, a cultura afro-brasileira. Ele conta que o preconceito racial "principalmente nos anos que se seguiram à abolição da escravatura, impedia que as manifestações culturais e religiosas dos negros merecessem sequer a liberdade de existir, quanto mais de atrair a atenção dos que, por ventura, se interessassem pela história de nosso povo. As páginas policiais dos jornais registravam – muitas vezes com deboche – a repressão da polícia, principalmente às manifestações religiosas, com a prisão de pais e mães de santo. Portar um violão também era motivo até de prisão, como disse o compositor Donga, em 1963, num depoimento prestado a Hermínio Bello de Carvalho: "O fulano da polícia pegava o outro tocando violão, este sujeito estava perdido. Perdido! Pior que comunista, muito pior. Isso que estou lhe contando é verdade. Não era brincadeira, não. O castigo era seriíssimo. O delegado botava lá umas 24 horas"[5]. Aqui, o samba aparece como sinônimo de vagabundagem, de malandragem.

E isto aconteceu não só naquele tempo. Numa entrevista mais recente ao jornal *Folha de S. Paulo*, em 6 de outubro de 1994, Chico Buarque diz: "Outro dia, num jornal, um sujeito para falar mal de mim me chamou de sambista, como se fosse um insulto. E eu sou um sambista. Quando eu morrer, quero que digam: morreu um sambista que escrevia livros".

Muitos dizem que o início oficial do samba urbano foi a gravação de *Pelo Telefone*, samba de Donga, em 1917. A história da

---

5. *Idem, ibidem.*

criação deste samba é uma das mais comentadas da música brasileira, pois há muita polêmica a este respeito: ele não seria o primeiro samba e nem Donga seu autor. Nascido nas festas da casa da Tia Ciata, onde os sambistas se reuniam, tocavam e improvisavam melodia e verso, *Pelo Telefone* já era muito conhecido pelos frequentadores da casa, que estavam habituados a improvisar versos, a partir do seu refrão.

Registrada por Donga na Biblioteca Nacional do Rio de Janeiro em 1916, foi gravada pelo cantor Baiano na Casa Edison, em 1917, como "samba-carnavalesco". Embora essa designação já tivesse sido usada em composições anteriores, coube a *Pelo Telefone* o mérito incontestável de popularizar o termo "samba", pois a música foi um grande sucesso e é até hoje conhecida. A partir da gravação do disco e da execução nas rádios o samba começa a se espalhar por todo o Brasil. Sinhô torna-se o compositor mais popular dos anos 1920 e será conhecido como "o rei do samba". No final dos anos 1930 o samba será elevado à categoria de símbolo de brasilidade.

Quanto à autoria do samba, muitos estudiosos atribuem sua criação a uma noitada musical na casa da Tia Ciata, baiana cuja casa, como já foi dito, era reduto de encontro de sambistas e chorões. Carlos Sandroni, em *Feitiço Decente*, analisando essa questão, mostra como grande parte do samba tem características do samba folclórico, que era feito e tocado no Rio, nas casas das tias baianas, no início do século XX. O próprio Donga confessa que não era o "autor" da canção: "Recolhi um tema melódico que não pertencia a ninguém e o desenvolvi"[6]. E Mauro de Almeida, o letrista, também confessa que os versos foram tirados de trovas populares. O que parece que ambos fizeram foi dar um jeitinho no samba que

---

6. Carlos Sandroni, *Feitiço Decente*, p. 119.

corria solto na casa da Tia Ciata, de modo que ele pudesse ser gravado e cantado nos bailes de carnaval; trataram de abrir passagem ao samba: do interior das casas para os salões da cidade.

Esse "jeitinho" significava muitas mudanças: o samba precisaria ter uma forma que pudesse ser escrita em partitura e gravada em disco, teria um "autor" que o registraria e ainda precisaria estar aliado a alguma figura de destaque da sociedade para lhe facilitar o ingresso nos salões e na imprensa. Sandroni diz que Donga pode não ter sido o autor de *Pelo Telefone*, mas foi ele quem criou uma forma de canção que vai estar presente no samba carioca até hoje. E, citando Michel Foucault, diz que aquele foi o momento da constituição de uma "função de autor". Esse jeitinho de Donga teve como consequência transformar a música que era tocada no interior de uma comunidade, de modo mais livre e coletivo, em um gênero de canção popular com forma mais definida, com autoria personalizada, com gravação em disco e sucesso na sociedade. Segundo Sandroni, Donga "criou" o samba como gênero moderno.

Diz Sandroni que *Pelo Telefone* é "um produto misto, uma bela colcha de retalhos integrando elementos considerados como pertencentes tanto à esfera do folclore como à do popular"[7]. Há duas versões desse samba, uma anônima e outra gravada.

Analisando a versão gravada, ele aponta a existência de duas dicções poéticas em seu interior: uma que ele chama de "folclórica" e outra de "popular" ou "autoral". As estrofes "folclóricas", no que diz respeito à forma, possuem apenas duas rimas ou menos e, quanto ao conteúdo, tem caráter dialogal; as estrofes "autorais", formalmente são mais rimadas, apresentando três rimas ou mais e quanto ao conteúdo referem-se ao carnaval e são um convite

---

7. *Idem*, p. 120.

à participação na alegria carnavalesca. Isso é significativo tendo em conta que Donga tinha em mira o sucesso de *Pelo Telefone* no carnaval carioca de 1917, o que realmente aconteceu.

A partir de um estudo minucioso da estrutura de *Pelo Telefone*, em suas versões anônima e gravada, e de uma cuidadosa análise do contexto sociocultural em que o samba foi criado e gravado Sandroni mostra que aí se revela a origem e o nascimento do samba carioca, a passagem da música folclórica à popular, a habilidade de Donga ao dar à música praticada na casa das tias baianas um jeitinho condizente com a sua entrada no mundo do disco e das partituras. E tudo isso faz com que esse samba seja exemplar do novo gênero que, forjado na intimidade das casas, agora se espalhava pelos salões da cidade do Rio. Por isto *Pelo Telefone* é mais do que uma canção; é um modelo, uma matriz de um gênero de música que virá a se tornar, um pouco mais adiante, na década de 1930, símbolo de identidade nacional. O que acho muito bom neste escrito é o procedimento analítico de Sandroni que mostra como samba e história se iluminam reciprocamente: a história dá elementos para uma compreensão mais abrangente do sentido do samba e o samba dá elementos da história daquele momento, marco inaugural do nascimento da música popular moderna. Ainda mais, ao falar das duas dicções aí presente vamos encontrar no próprio tecido do samba uma referência à sua fonte, ao seu passado – a música "folclórica", e à sua futura destinação – a música popular.

É preciso lembrar que a presença das tias baianas foi fundamental para o nascimento do samba. Vindas do Recôncavo Baiano, elas eram verdadeiras guardiãs da cultura popular afro-brasileira, além de ótimas anfitriãs. Em suas casas eram cultuadas a música, a dança, a culinária e o culto religioso. Faziam festas que duravam às vezes uma semana. Mestras na arte do samba, improvisadoras, cantoras, passistas, cozinheiras de mão cheia eram Tia Bebiana, Tia Preseiliana de Santo Amaro, Tia Veridiana, Tia Josefa Rica e tantas outras. E quando se fala em samba, o nome que sempre surge é o de Tia Ciata. Frequentavam sua casa Pixinguinha, Donga, João da Baiana, Sinhô, Caninha, Heitor dos Prazeres. Era em seu casarão, no centro da cidade do Rio de Janeiro, que, segundo Pixinguinha, tocava-se choro na sala e samba no quintal. O motivo? O choro era tolerado pela polícia e o samba não. Se a polícia chegasse, ouvia o choro na sala e ia embora. Os sambistas eram salvos, e podiam continuar a tocar sua música. Sem perseguição.

MALDITO-BENDITO

Sérgio Cabral na introdução de *O Mistério do Samba* de Hermano Vianna apresenta o samba como arte marginal popular, como arte de resistência da cultura negra, como manifestação vitoriosa, pois ele enfrenta a perseguição e vence:

> [...] um gênero tão execrado pelas classes dominantes das primeiras décadas do século que a polícia prendia quem o cantasse, dançasse ou tocasse. E ai daquele que andasse pelas ruas carregando um violão. Sendo negro, aí mesmo é que a sua situação piorava. Tenho depoimentos de Donga, João da Baiana e Juvenal Lopes sobre a perseguição policial aos sambistas. No entanto, o samba venceu tudo isto[8].

O tema e desafio do livro de Hermano Vianna é colocar a questão do mistério do samba. E que mistério é este? O que ele pergunta é como o samba passou de música marginal à música

---

8. Sérgio Cabral, Introdução a *O Mistério do Samba* de Hermano Vianna, pp. 10-11.

símbolo de orgulho nacional. Como e quando se deu esta passagem? Vale lembrar Ary Barroso em *Aquarela do Brasil* (1939):

> Ah! Esse Brasil lindo e trigueiro
> é meu Brasil brasileiro,
> terra de samba e pandeiro.

Como foi que aconteceu esta mudança?

O livro de Vianna foi construído em torno de um acontecimento: "a noitada de violão", encontro entre intelectuais e artistas da elite com artistas populares; entre Gilberto Freyre, Sérgio Buarque de Holanda, Prudente de Morais Neto e Villa-Lobos com Pixinguinha e Donga. A trajetória de Gilberto Freyre, com todas as suas contradições tem, para Vianna, um papel emblemático para pensarmos a relação entre elite e cultura popular e para pensarmos o processo de criação da ideia de uma unidade nacional brasileira, de um "Brasil brasileiro". A "ideologia mestiça", que valoriza exatamente o que antes era considerado sem valor – a cultura mestiça, o mulato, o samba – tem em Gilberto Freyre, juntamente com Darci Ribeiro, seu mais entusiasmado porta-voz.

Este encontro aconteceu em 1926, quando Freyre conhece o Rio de Janeiro, conta Vianna, e está registrado no livro-diário *Tempo-morto e Outros Tempos*:

> Sérgio e Prudente conhecem de fato literatura inglesa moderna, além da francesa. Ótimos. Com eles saí boemiamente. Também Villa-Lobos e Gallet. Fomos a uma noitada de violão, com alguma cachaça e com os brasileiríssimos Pixinguinha, Patrício e Donga[9].

---

9. Hermano Vianna, *O Mistério do Samba*, p. 19.

A "noitada de violão", encontro entre esses dois grupos, intelectuais e artistas da elite com artistas populares reuniu, de um lado, dois jovens intelectuais, Gilberto Freyre e Sérgio Buarque de Holanda, que iniciavam as pesquisas que resultariam nos livros *Casa-Grande e Senzala* (1933) e *Raízes do Brasil* (1936) e que seriam fundamentais na busca da definição do que é ser brasileiro e de outro, os artistas populares, Pixinguinha, Donga e Patrício Teixeira, que criavam a música que seria considerada, a partir dos anos 1930, o que existe de mais brasileiro no Brasil. E também o grande compositor e maestro Villa-Lobos. Diz Hermano que esta "noitada de violão" pode servir como alegoria da invenção de uma tradição, a tradição de um "Brasil mestiço", onde o samba ocupa um lugar de destaque, como elemento definidor da nacionalidade.

Se nesta alegoria da invenção de uma tradição brasileira, o samba se transforma em ritmo nacional brasileiro, em elemento central para a definição da "brasilidade", se nela estão sinalizados os elementos que vão constituir essa noção de brasilidade, por outro lado, o mistério do samba não é esclarecido. As diversas tentativas de escrever a história do samba, diz Vianna, deparam com uma descontinuidade problemática: é como se os sambistas tivessem passado por dois momentos distintos em sua relação com a elite social brasileira e com a sociedade brasileira como um todo:

> Num primeiro momento, o samba teria sido reprimido e enclausurado nos morros cariocas e nas "camadas populares". Num segundo momento, os sambistas, conquistando o carnaval e as rádios, passariam a simbolizar a cultura brasileira em sua totalidade, mantendo relações intensas com a maior parte dos segmentos sociais do Brasil e formando uma nova imagem do país "para estrangeiro" (e para brasileiro) ver[10].

10. *Idem*, pp. 28-29.

E continua:

Aí está o grande mistério do samba: nenhum autor tenta explicar como se deu essa passagem (o que a maioria faz é apenas constatá-la), de ritmo maldito à música nacional e de certa forma oficial[11].

Vianna cita, então, um texto de Antonio Candido, trecho do "Post-Scriptum" ao seu artigo "A Revolução de 1930 e a Cultura", que vale a pena transcrever:

[...] na música popular ocorreu um processo [...] de "generalização" e "normalização", só que a partir das esferas populares, rumo às camadas médias e superiores. Nos anos 30 e 40, por exemplo, o samba e a marcha, antes praticamente confinados aos morros e subúrbios do Rio, conquistaram o País e todas as classes, tornando-os um pão-nosso cotidiano do consumo cultural. Enquanto nos anos 20 um mestre supremo como Sinhô era de atuação restrita, a partir de 1930 ganharam escala nacional nomes como Noel Rosa, Ismael Silva, Almirante, Lamartine Babo, João da Baiana, Nássara, João de Barro e muitos outros. Eles foram o grande estímulo para o triunfo avassalador da música popular nos anos 60, inclusive de sua interpenetração com a poesia erudita, numa quebra de barreiras que é um dos fatos mais importantes da nossa cultura contemporânea e começou a se definir nos anos 30, com o interesse pelas coisas brasileiras que sucedeu ao movimento revolucionário[12].

Antes disso, o samba era maldito. Vianna cita Jota Efegê:

Naqueles idos de 1920 até quase 1930, o samba era espúrio. Era tido e havido como próprio de malandros, como cantoria de vagabundos. E a polícia, na sua finalidade precípua de zelar pela observância da boa ordem, perseguia-o, não lhe dava trégua[13].

11. *Idem*, p. 29.
12. Antonio Candido, citado por Hermano Vianna, p. 29.
13. Jota Efegê, citado por Vianna, p. 30.

Aqui o samba é visto como sinônimo de malandragem e malandragem como algo espúrio que devia ser reprimido. Em seguida, Vianna cita outro artigo do mesmo autor em que o samba aparece como resistência, como vitória:

> Era assim a época heroica, valente, não se deixando intimidar. Sua gente espancada, mas persistindo sempre, ignorando o desprezo da burguesia. Mas o samba mesmo assim venceu. Formou suas escolas e deslumbrou patrícios e estrangeiros[14].

O mistério do samba parece estar ligado a outros mistérios tão centrais como este para a questão da identidade nacional:

> Antonio Candido se refere ao "interesse pelas coisas brasileiras" que surgiu nos anos revolucionários de 1930. O que eram essas coisas brasileiras? Quem definia o que era brasileiro e, portanto, digno de interesse? Como uma elite que até então ignorava o brasileiro passa a se interessar e, mais do que se interessar, valorizar "coisas" como o samba, a feijoada (que pouco a pouco se transforma em prato nacional, apresentado com orgulho para estrangeiros que aqui aportam) e a mestiçagem (principalmente entre brancos e negros)?[15]

O mistério da mestiçagem, que inclui a valorização do samba como música mestiça, continua Vianna, tem para os estudos sobre o pensamento brasileiro a mesma importância e a mesma dificuldade que o mistério do samba tem para a história da música popular do Brasil.

São muitos os intelectuais que reconhecem a importância da música popular no debate sobre a cultura brasileira. Já vimos como Antonio Can-

---

14. *Idem*, p. 30.
15. Hermano Vianna, *op. cit.*, pp. 30-31.

dido se referiu ao "triunfo avassalador da música popular nos anos 60"[16] gerando um dos "fatos mais importantes de nossa cultura contemporânea".

O modernista Mário de Andrade escreveu, em 1939, que a música popular tornava-se a "criação mais forte e a caracterização mais bela da nossa raça"[17]. Está dito.

SAMBA DE SAMBAR

No livro de Sérgio Cabral, *As Escolas de Samba do Rio de Janeiro*, nós vamos encontrar depoimentos muito vivos dos criadores do samba. Acho importante a gente ouvir dos próprios sambistas o que é o samba e Sérgio Cabral tem esta virtude: a de deixar, em suas entrevistas, transparecer o entrevistado, com seu jeito de falar, suas ideias, sua autenticidade. Neste sentido, este livro é um modo de nos aproximarmos um pouco das pessoas que criaram e criam o samba. A história das Escolas de Samba, diz Cabral, é a história do povo brasileiro. Sem negar a irradiação que o samba teve e tem no tempo e no espaço, a ponto de se tornar um elemento formador de nossa brasilidade, é bom lembrar que existem muitas outras manifestações culturais que expressam a cultura do povo brasileiro e que não são samba. Feita esta ressalva, vamos ao texto:

[...] o leitor há de convir que não é fácil contar a história do povo. De um povo de esmagadora maioria negra, vítima de injustiças seculares, criador de uma cultura que enfrentaria todas as formas de preconceito das classes dominantes. A própria história das escolas de samba confirma essa abominável tradição brasileira: o povo que as criou viu-se obrigado

---

16. Hermano Vianna, *op. cit.*, p. 33.
17. Mário de Andrade, *Aspectos da Música Brasileira*, p. 24.

a afastar-se delas por razões de caráter econômico. A parcela que cabe ao povo trabalhador na distribuição de renda do país reduziu-se em ritmo tão violento quanto o aumentaram as exigências financeiras para quem deseja desfilar numa escola[18].

Na busca de definição do samba, vamos agora encontrar uma divergência engraçada, no meio dos próprios sambistas. É uma diferença entre a primeira geração, na qual estavam Sinhô, Donga e Pixinguinha e a segunda geração, da qual faziam parte Rubens Barcelos, Bide e Ismael Silva, do Estácio de Sá:

> Quando alguém pediu ao compositor mangueirense Carlos Cachaça, durante o seu depoimento ao Museu da Imagem e do Som, que explicasse a diferença entre o antigo samba e o samba do Estácio de Sá, o depoente foi aparteado por outro veterano compositor da mangueira, Babaú, que assim definiu a música criada por Rubens Barcelos, Ismael Silva, Bide e outros mais: "– Era samba de sambar"[19].

Sérgio Cabral conta que teve o prazer de testemunhar um debate proposto por ele entre Donga e Ismael Silva, a partir da pergunta que fez aos dois: "– Qual é o verdadeiro samba?"

> DONGA – Ué, o samba é isso há muito tempo:
> O chefe da polícia
> Pelo telefone
> Mandou me avisar
> Que na Carioca
> Tem uma roleta
> Para se jogar.
> ISMAEL SILVA – Isso é maxixe.
> DONGA – Então o que é samba?

---

18. Sérgio Cabral, *As Escolas de Samba do Rio de Janeiro*, p. 15.
19. *Idem*, p. 34.

Ismael Silva – Se você jurar
Que me tem amor
Eu posso me regenerar
Mas se é
Para fingir, mulher
A orgia assim não vou deixar.
Donga – Isso é marcha[20].

Esta discussão sobre qual é o verdadeiro samba, diz Cabral, não se encerra com o debate destas duas gerações de sambistas, representadas por Donga, primeira geração, e Ismael, segunda. Antes de *Pelo Telefone* já havia gente fazendo samba. Acontece que essas músicas não foram gravadas. E, segundo Pixinguinha, foram eles que fizeram "o verdadeiro samba". Diz Pixinguinha:

> O samba, o verdadeiro samba para mim? O verdadeiro? O verdadeiro samba que eu conheço é do tempo do falecido Hilário, do tempo... não é do Sinhô também não... do tempo do João da Mata. Esses eram os verdadeiros sambistas, não é? Depois apareceu o *Pelo Telefone*[21].

COMUNHÃO

Bálsamo, fonte de alegria e prazer, expressão da alma, voz dos marginalizados, crônica, sabedoria, gozação, acalanto, lamento: o samba é tudo isso e algo mais. Na busca de sua definição encontramos vários elementos que estão presentes nele, mas ele é algo maior e que não é possível explicar, algo que não tem tradução. No documentário sobre a Velha Guarda da Portela, *O Mistério do Samba*, de Carolina Jabor e Lula Buarque de Hollanda, há um

---

20. *Idem*, p. 37.
21. *Idem, ibidem.*

depoimento de Paulinho da Viola a Marisa Monte que escolhi para encerrar este capítulo, porque ele foi como uma revelação do que penso e sinto e estou querendo dizer:

> Eu me lembro que uma vez, né?, já era aqui no Portelão, né?, o pessoal mais antigo se reuniu numa tarde, né?, lembro de Bubu tocando pandeiro assim, ele tocava pandeiro assim, no alto, mas uma coisa tão bonita sabe? Eu estava assim, um pouco afastado, e eu, assim, emocionado, porque eu tava vendo, ouvindo uma coisa que já não se fazia mais com tanta frequência, e de uma beleza, e uma coisa comovente e ao mesmo tempo você percebia que todo mundo tava integrado naquilo, todo mundo tava vivendo aquilo, tava curtindo e comovido e cantando, sabe? E dançando. Essa coisa que a gente percebe muito quando junta as pessoas e música, e tem outras artes, a arte de uma maneira geral, acho que é isso que conta mais, sabe, porque quando você vai querer explicar isso você pode até explicar, mas não é o mais importante.

8. Pelo Telefone

Entrevista inédita dada à autora, feita *Pelo Telefone* em 17.08.2002

Eliete: *Paulinho, você poderia me dizer o que é ser sambista?*

Paulinho: É difícil a tradução do que é ser sambista. Li, em algum lugar, que uma vez perguntaram ao Pixinguinha o que era choro e ele respondeu: "Uma coisa sacudida e gostosa". Eu poderia dizer isto. Mas o choro, o samba, isto é uma coisa mais complexa, apesar do Pixinguinha fazer choro e, quando você ouve, parecer muito simples a forma como ele compunha o motivo, como ele tocava. Aparentemente muito simples. Mas não é simples porque envolve a vida e a vida envolve a história muito complexa de muita gente durante muito tempo. O samba, como o choro, é a expressão de grande força do povo negro, expressão da vida das pessoas que viveram durante grande parte do tempo e, ainda vivem, marginalizadas. É a expressão mais verdadeira, expressão mais forte desta forma, deste ritmo e desse povo marginalizado. É uma coisa muito ampla e como toda obra é direta, mas, como toda expressão artística, encerra nela algum segredo. Se fosse explícito demais, não seria obra. Há coisas que não são bem apreendidas por nós. O samba e também o choro não é só fraseado, nem ritmo, nem melodia sincopada. É uma coisa multifacetada. O samba mais primitivo vem influenciando e servindo de suporte a várias manifestações não só do povo negro, mas de outras camadas da sociedade. Não sei traduzir, há certas coisas que só sentino. Não dá para explicar. Há a manifestação pessoal de cada um, de cada sambista. É muito simples e muito complexo. Envolve a vida de muitas pessoas e muito tempo. Pra você entender tem que estar dentro, não pode estar de fora. Há duas correntes dentro do samba: uma, a dos cronistas, que tem um certo distanciamento e outra, dos que falam de si mesmos ou de outras pessoas. O Nelson Cavaquinho era um cronista em que parte de sua obra se confundia com sua vida. Estava falando dele quando falava como ele via a mulher, no modo como ele tocava o violão.

ELIETE: *Eu ia te perguntar do Nelson Cavaquinho. Ele está presente no seu trabalho, você canta músicas dele e fez até um samba dedicado a ele,* Sol e Pedra.

PAULINHO: Pois é, *Sol e Pedra*.

ELIETE: *Paulinho, a morte é uma preocupação sua, está presente nos seus sambas?*

PAULINHO: Não, não é. Eu gravei sim aquele samba do Nelson Cavaquinho, *Depois da Vida*, que as pessoas estranhavam porque é ousado e que eu acho uma maravilha, mas a morte não é uma tônica no meu trabalho porque eu acho que a vida não tem fim. Há uma canção que eu fiz que se chama *Não Quero Ver Você Assim* que é uma pessoa falando pra outra sobre isso. Termina com o verso "A solidão é o início de tudo". Eu tenho este sentimento de infinitude, de transcendência. Há momentos que se sucedem, de repente há uma quebra e depois continuam e este movimento cria o ritmo da vida. A solidão é o início de tudo. O movimento não tem fim. A morte é parte da vida. A vida permanece, a vida continua.

ELIETE: *Você falou nas duas correntes dentro do samba, a crônica e os que falam de si. Estes que falam de si seria a corrente do lirismo?*

PAULINHO: Não, o lirismo é inerente ao samba. Mesmo na forma mais jocosa o lirismo sempre se manifesta de alguma forma. Você observa em cada artista um microcosmo. O que fascina no Moreira da Silva é que ele tem a coisa universal do Chaplin, o perder e ganhar, e é esta a malandragem. A malandragem está em perder também. Não é o malandro convencido, o maior, o imbatível, o mau caráter, que só pensa em ganhar, que não pensa em ninguém, onde as coisas vão para o lado do mau gosto, pra violência, para um clima sem nenhuma graça; um sujeito amoral, o mais forte, o mau caráter. O samba do Moreira não é assim. Tem vitória e derrota. Tem humor. Implica as duas coisas. Como Woody Allen e Jacques Tatit. Pode perder e pode ganhar. Isto está em todo o universo do samba. Há um samba do Cartola, que foi gravado por mim, *Não Quero Mais Amar a Ninguém*, que tem uns versos que alguns consideram como dos mais belos do samba:

> Semente de amor sei que sou
> Desde nascença
> Mas sem ter brilho e fulgor
> Eis minha sentença.

Quando comecei a cantar este samba, estes versos tinham um peso. Mas para mim há um outro verso, num contexto muito pessoal, que é meu, é meu e que não dá pra dividir – o verso divide e nos aproxima – que é "Às vezes dou gargalhadas ao lembrar do passado". Este pra mim é o grande verso deste samba. É um verso que eu gostaria de ter feito!

Cartola estava doente, no hospital da Lagoa, sozinho com a Zica. Ao mesmo tempo, eu que conheço um pouco a vida destas pessoas e sei que todas têm o seu drama – é uma coisa maior, o drama comum de todas as pessoas – nós falamos de futebol. Pra mim ele estava ótimo, conversamos sobre o fluminense, ele mexendo no pé. Cartola tinha o costume de mexer no pé. Deu um silêncio – o hospital, o andar estava meio vazio, a Zica estava afastada, ele abaixou os olhos, mexendo nos pés. Eu olhei para ele. Ele não olhou para mim. A frase que ele falou não só me comoveu muito... parece uma bobagem, mas não é, quando tem uma pessoa que você ama, você está dividindo esta coisa com ela e com todo mundo que você ama, admira. Ele disse assim, quase assim – ele me chamava de Seu Paulo: "É, Seu Paulo, a vida é isso aí". E em poucos segundos o que eu visualizei, o que eu vi, era uma vida inteira. Quase perdi a fala. Eu sabia o que ele estava falando. Eu sabia tudo o que ele estava pensando. A vida, o samba, a forma como você transfere determinadas coisas de um mundo pessoal, um mundo seu, para outras pessoas – a arte é um pouco isso. Estar em permanente troca. Não é exclusiva e nós lhe pertencemos. Não sei se você pode entender. Têm as mágoas menores, vindas do desejo, da sedução, da tentação pelo poder, pela vaidade à qual todos estamos sujeitos. Vamos depurando estas coisas dolorosamente. Só poderia ser dessa forma.

ELIETE: *Entendo sim, Paulinho. Me corrija se eu estiver errada, mas ouvindo o seu trabalho, parece que houve um momento em que você começou a fazer umas mudanças na linguagem do samba. Estou falando principalmente do LP* Nervos de Aço *onde você utiliza elementos do* jazz *em alguns sambas. Depois você voltou para a linguagem tradicional. É isto mesmo?*

PAULINHO: Este desejo de inovação é uma aspiração legítima do artista. Mas eu não tenho o temperamento de um revolucionário, não sou um cara que acorda pensando no que é que quer mudar hoje. Esta é uma aspiração legítima. Tem artistas que são assim. Que experimentar faz parte de seu jeito de ser. Mas no meu caso é mais a admiração e a riqueza que vejo nesse universo do qual eu faço parte. É uma coisa tão maravilhosa que não acho que eu vá mudar muito. Tenho uma luta interna, como todo mundo. Me pergunto –"E agora?" Mas tem uma coisa que é muito clara e que eu falei pro Eduardo Coutinho – que acaba de escrever um livro *Velhas Histórias, Memórias Futuras*, onde ele fala de meu trabalho e de fazer um filme comigo – e esta coisa é que eu não sinto saudades. Quando se fala de música, mesmo das pessoas que já se foram, eu não tenho saudade porque está tudo aqui. Hoje em dia as coisas são muito fugazes, vivo num tempo no qual está cada um mergulhado nele mas eu não sou obrigado a viver neste tempo. Eu vivo no meu tempo. Há uma relatividade. Tenho um ritmo próprio. Quando você fala de música popular brasileira, está falando principalmente da época de trinta em diante, com o advento do rádio, e muita gente não tinha rádio. Esta música é muito recente. O grau de desinformação das pessoas é muito grande. Há uma dinâmica. As coisas mudam, não podem ficar paradas. Mas mudam de uma forma natural. O fato é que tudo aquilo faz parte de um patrimônio humano, não importa a idade. Ninguém sente saudades das múmias do Egito. A cultura é uma coisa muito maior, um universo de coisas que a gente não tem condição de apreender na sua totalidade, é uma bola onde está todo mundo mergulhado. A música brasileira faz parte de uma coisa muito recente. Mesmo fazendo análise fica-se agarrado a nada. A gente só se agarra a algo quando está desesperado. É normal. Não fosse assim, não haveria drama em arte. Há uma letra do Vinícius pra um samba do Toquinho que diz assim: "Apanhou folha por folha / Da tatamirô". A tatamirô é uma planta. É isso, e isso quer dizer: você tem que catar folha por folha. Folha por folha, você tem que catar.

II. Outros Escritos

1. O Que É a Poesia?

> *Assim, na companhia paterna ia-me eu embebendo dessa ideia que a poesia está em tudo – tanto nos amores como nos chinelos, tanto nas coisas lógicas como nas disparatadas.*
>
> Manuel Bandeira,
> "Itinerário de Pasárgada".

BUSCANDO UMA DEFINIÇÃO DE POESIA

Manuel Bandeira, no ensaio *Poesia e Verso*[1], conta que escrevendo um livro didático sobre literatura, "embatucou" quando teve que dar uma definição de poesia. Recorreu então a Schiller: "Poesia é a força que atua de maneira divina e inapreendida, além e acima da consciência"[2]. Mas, pergunta-se ele, o que é atuar de maneira divina? Ele confessa que não sabe, pois nunca conseguiu compreender por que era assaltado por uma forte emoção diante de certos versos, de certas combinações de palavras.

Buscando compreender o que é poesia, Bandeira fala de alguns acidentes do cotidiano, dois automóveis que se chocam, um desmaio, um assassinato, fatos que quebram a rotina e provocam "um certo tumulto emocional, criando uma como que atmosfera de poesia"[3]. O poeta, diz, provoca a mesma coisa, "só que mediante apenas uma colisão de palavras"[4].

1. Manuel Bandeira, *Poesia e Prosa*, vol. II; *Poesia e Verso*.
2. *Idem*, p. 1271.
3. *Idem*, p. 1272.
4. *Idem, ibidem*.

Ainda que Schiller fale da poesia como uma força que atua no subconsciente, veja-a como ponte entre o mundo interior do poeta e do leitor, não poderia ela nascer no foco da consciência e atuar de maneira apreensível?, pergunta-se Bandeira. Ele conta que em seu poema "Palinódia" a estrofe central é inteligível, mas a inicial e a final não. Elas pertencem a um poema feito durante o sono e quando ele acordou, só conseguiu reconstituí-lo parcialmente: "A estrofe inteligível resultou de um trabalho mental em pleno foco de consciência; as outras duas foram elaboradas de maneira inapreendida na franja da consciência"[5].

Partindo da definição de Schiller, Bandeira elabora uma antologia de definições de poesia. Alguns poetas, diz ele, "definem a poesia como ficção"[6]. Dentre estes, Johnson, grande dramaturgo inglês, disse que "Poeta é, não aquele que escreve com métrica, mas o que finge e forma uma fábula, pois fábula e ficção são, por assim dizer, a forma e a alma de toda obra poética ou poema"[7]. Dois outros grandes poetas ingleses seiscentistas têm o mesmo conceito: Donne, para quem "a poesia é como uma símili-Criação e faz coisas que não existem, como se existissem" e Dryden, para quem "a ficção é a essência da poesia"[8].

Mas, questiona Manuel Bandeira, a poesia é sempre ficção? Será que "não haverá poesia quando realizo em palavras uma transposição da realidade, sem inventar nada, sem 'fingir' nada?"[9] Não haverá poesia quando o poema "é uma simples reprodução por imitação, para empregar as velhas palavras de Aristóteles?"[10]

5. *Idem, ibidem.*
6. *Idem*, p. 1273.
7. *Idem, ibidem.*
8. *Idem, ibidem.*
9. *Idem, ibidem.*
10. *Idem, ibidem.*

Não haverá poesia quando uso as palavras para expressar a realidade? Não haverá poesia na mímesis?

Continuando a procura da poesia através de uma antologia de definições, Bandeira cita Dante, que acrescenta um outro elemento à ficção, a música: "Poesia é ficção retórica posta em música"[11]. A música, diz Bandeira, foi um elemento da velha poesia, mas "Hoje sabemos que pode haver poesia sem música, e poesia da melhor. Sem música, bem entendido, no sentido de não procurar o poeta fazer os versos cantar no poema"[12].

Bandeira diz que alguns poetas veem a poesia como busca de prazer, como Coleridge, que define o poema como "aquela espécie de composição que se opõe às obras de ciência por visar como objeto imediato o prazer e não a verdade"[13]. A poesia estaria voltada, então, para a fruição, para o deleite; estaria ligada ao prazer e não ao conhecimento. Partindo desta ideia, podemos ver nesta concepção uma oposição entre prazer e verdade, entre ciência e arte, onde o conhecimento seria a busca da verdade e a arte, a busca do prazer. Já outros, no entanto, continua ele, veem-na como conhecimento. Lautréamont, ensina Bandeira, diz que a poesia é uma forma de conhecimento e fala das "relações existentes entre os primeiros princípios e as verdades secundárias da vida"[14]; Novalis diz também que a poesia é conhecimento: "a poesia é o real absoluto"[15] e para Maritain a "Poesia é o conhecimento, incomparavelmente conhecimento-experiência, conhecimento-emoção, conhecimento existencial. Ela é o fruto

---

11. *Idem, ibidem.*
12. *Idem*, p. 1274.
13. *Idem, ibidem.*
14. *Idem, ibidem.*
15. *Idem, ibidem.*

do contato do espírito com a realidade em si mesma inefável e com a sua fonte, que acreditamos ser Deus"[16]. Vendo a poesia sob este ângulo, altera-se também a noção de conhecimento: conhecimento é, aqui, a experiência estética que a poesia propicia; prazer e conhecimento não se opõem, pois o prazer é uma fonte e forma de conhecimento do mundo.

Partindo do termo "inefável", Bandeira nos apresenta a definição de Edwin Arlington Robinson: "Poesia é a linguagem que nos diz, em virtude de uma reação emocional, alguma coisa que não pode ser dita"[17]. Aqui, a palavra poética carrega em si uma contradição: quer exprimir algo que não pode ser exprimido, carrega, pois, um silêncio.

Ficção, mímesis, ficção musical, objeto de prazer, objeto de conhecimento, expressão do indizível, todas estas definições e muitas outras aparecem num contexto onde se procura entender a essência do fenômeno poético. Retiradas de seu contexto, diz Bandeira, elas sofrem uma certa mutilação. Todavia,

> [...] cada uma contém uma parcela de verdade, ilumina um ângulo do problema, que é talvez insolúvel. Todas me parecem falar em termos de poesia, com o seu vago, o seu mistério. Nenhuma se refere ao que é a matéria-prima da poesia na arte literária: as palavras, e tanto se podem aplicar à arte literária como à música e às artes plásticas[18].

Neste ponto, ele passa a refletir sobre a matéria-prima da poesia, a palavra e, pelo caminho da palavra, sobre os elementos que a compõe, o som e o sentido.

---

16. *Idem, ibidem.*
17. *Idem, ibidem.*
18. *Idem, ibidem.*

Bandeira cita Paul Valéry, para quem a "Poesia é a tentativa de representar ou de restituir por meio da linguagem articulada aquelas coisas ou aquela coisa que os gestos, as lágrimas, as carícias, os beijos, os suspiros procuram obscuramente exprimir"[19]. Para Valéry, a poesia é uma espécie de iluminação, que tira da obscuridade nosso desejo de expressão. Ela é tentativa de exprimir o inexprimível, de iluminar o obscuro. A poesia é transcendente e iluminadora.

Se, por um lado, a poesia ilumina nosso desejo de expressão, por outro, ela é feita com palavras e não com ideias ou sentimentos. "Mallarmé tinha razão", diz Bandeira, "não é com ideias que se fazem versos: é com palavras". O sentido das palavras importa, é claro, mas não independente da sonoridade delas: "Naturalmente o sentimento está subentendido, é ele que faz achar as combinações de palavras suscitadoras da emoção poética"[20].

Em "Itinerário de Pasárgada", Bandeira reafirma esta mesma ideia:

> Mas ao mesmo tempo compreendi, ainda antes de conhecer a lição de Mallarmé, que em literatura a poesia está nas palavras, se faz com palavras e não com ideias e sentimentos, muito embora, bem entendido, seja pela força do sentimento ou pela tensão do espírito que acodem ao poeta as combinações de palavras onde há carga de poesia[21].

Cada uma destas definições, como disse Bandeira, ilumina um aspecto da poesia. Se definir poesia é tarefa difícil, encontrar os elementos que anunciam sua presença ajuda a nos aproximarmos dela e a reconhecê-la.

---

19. *Idem*, p. 1275.
20. *Idem, ibidem*.
21. Manuel Bandeira, "Itinerário de Pasárgada", *Poesia Completa e Prosa*, p. 40.

SEGUINDO A SENDA DE BANDEIRA

Bachelard, em seu livro *O Ar e os Sonhos*, apresenta uma outra noção de poesia. Diz ele: "O poeta não tem que traduzir-nos uma cor, mas fazer-nos sonhar a cor"[22]. A poesia aparece não como tradução de algo, mas sim como um convite à viagem: um belo poema, diz ele, é um ópio ou um álcool; o poeta nos inspira e provoca em nós um impulso para sonhar. Para ele, a poesia é uma criação da imaginação e, aqui, a imaginação não é a combinação de imagens, mas sim um movimento criador de imagens. A poesia é um movimento de criação de imagens que inspira o leitor a imaginar, que desperta nele o poeta que habita em todos nós: "A primeira tarefa do poeta é libertar em nós uma matéria que quer sonhar"[23]. A função do poeta é nos convidar à "participação numa impressão cósmica"[24].

Borges, no ensaio "Pensamento e Poesia"[25], diz que a poesia leva a palavra de volta às suas origens. Diz ele que, segundo uma perspectiva histórica, as palavras na sua origem não eram abstratas, mas sim concretas: não havia separação de som e sentido, o som carregava o seu sentido; o som, matéria da palavra, estava fundido com o sentido, o que ela queria dizer. Como exemplo fala da palavra *thunder* que expressava, ao mesmo tempo, o som do trovão e o deus colérico. Palavra concreta, diz Borges, é o mesmo que palavra poética, que palavra mágica, onde a forma e a substância estão unidas. Com o uso da linguagem, o som e o sentido foram se descolando e a palavra foi perdendo sua força. A poesia,

---

22. Gaston Bachelard, *O Ar e os Sonhos*, p. 164.
23. *Idem*, p. 194.
24. *Idem*, p. 173.
25. Jorge Luis Borges, "Este Ofício do Verso", "Pensamento e Poesia".

diz ele, não transforma palavras comuns em palavras mágicas, como pensam alguns, mas, sim, restitui a magia à palavra, isto é, leva a linguagem de volta à sua fonte. As palavras começaram como mágicas e são restituídas à magia pela poesia.

De volta a Bandeira, ele nos fala da relatividade na poesia, pois há uma grande dificuldade em saber por que certas pessoas se comovem diante dos versos de certos poetas e outras não: "Afinal em poesia tudo é relativo, a poesia não existe em si: será uma relação entre o mundo interior do poeta com a sua sensibilidade, a sua cultura, as suas vivências, e o mundo interior daquele que o lê"[26].

Encontro de subjetividades, a poesia é um acontecimento que depende da relação entre o poema e o leitor, entre o poeta e quem o lê. Ela pertence a um universo onde a subjetividade impera e que, por isso mesmo, é de difícil definição, já que um de seus elementos é esta abertura que ela provoca no sentido comum da linguagem. Mesmo que tentemos defini-la isoladamente da experiência estética, não conseguimos. Conseguimos, sim, umas áreas de luz que permitem vislumbrar o seu vago contorno; vago, pois uma das características da poesia é ser inefável.

Mas, ainda que, por um lado, nos movimentemos num terreno vago, ainda que tenhamos dificuldade de conceituar a poesia pela sua própria natureza, que é antes a de um eclodir momentâneo, de um raio de luz, de uma luminescência, por outro, é em certas poéticas que vamos encontrar todo um proceder matematicamente elaborado; é no poema que a linguagem é mais rigorosamente trabalhada em seu potencial rítmico, sonoro e semântico. Basta lembrarmos da métrica na versificação ou das formas dos versos. Ou então pensarmos, por exemplo, na poética

---

26. Manuel Bandeira, *Poesia e Verso*, p. 1276.

de João Cabral, com sua sofisticada elaboração formal. No poema convivem estas duas forças opostas: imprecisão-precisão. Lado a lado com a imprecisão da emoção poética, está a precisão de sua expressão. Isto só é alterado quando entramos no campo do verso livre, onde à plasticidade da emoção corresponde a plasticidade da estrutura poética. Mesmo assim, há um ritmo nos versos livres, há uma estrutura, só que uma estrutura criada pelo poeta, uma estrutura que não obedece a um cânone, que é mais subjetiva e menos precisa, que é mais flexível, mais "livre".

BANDEIRA: A POESIA COMO ALUMBRAMENTO

Bandeira buscou em grandes poetas uma definição de poesia. Mas como ele a concebeu? Buscando a noção de poesia em Manuel Bandeira, Davi Arrigucci Jr. pergunta: "Como um grande poeta, o poeta que foi Manuel Bandeira, concebeu a poesia? Que visão teve dela um homem que a ela dedicou a vida?"[27]. Para tentar encontrar uma resposta a esta questão, diz Arrigucci, um dos meios é procurá-la nos próprios poemas do autor, pois neles se acham, decerto, elementos de uma concepção de poesia. O outro é buscar uma resposta nas reflexões que o poeta fez sobre esta questão, em sua obra em prosa.

Analisando o poema "Maçã", Arrigucci mostra como ali estão reunidos três modos de conceber poesia: a noção de poesia como um fazer, "o procedimento de desentranhar a poesia como quem tira o metal nobre das entranhas da terra"[28]; a noção de poesia como expressão, como algo que se tira do íntimo e, final-

---

27. Davi Arrigucci Jr., *A Poesia de Manuel Bandeira, Humildade, Paixão e Morte*, p. 123.
28. *Idem*, p. 30.

mente, a concepção de poesia como conhecimento, como revelação do sentido oculto, significado mais sutil de desentranhar.

Seguindo o caminho da análise de poemas e das reflexões do poeta sobre a poesia, Arrigucci diz:

> Para o poeta, o "alumbramento", revelação simbólica da poesia, pode dar-se no chão do mais "humilde cotidiano", de onde o poético pode ser "desentranhado", à força da depuração e condensação da linguagem, na forma simples e natural do poema[29].

E continua:

> Na visão teórica do poeta e em sua prática específica do poema, a poesia é feita de "pequeninos nadas", mas se abre, pelo clarão do alumbramento – eclosão da emoção poética – ao que, com Valéry, se poderia definir como uma "sensação de universo"[30].

O "alumbramento", esta iluminação, é para Bandeira a essência do poético. Este instante iluminado que é captado e que se transforma em arte com o trabalho do artista, é para Bandeira a essência da poesia, o poético que pode ser desentranhado do cotidiano, das coisas do mundo, da carne da vida, da linguagem do dia a dia. No pequenino nada, um alumbramento de infinito[31].

---

29. *Idem*, p. 15.
30. *Idem*, p. 16.
31. A grandeza das pequenas coisas é uma das belezas e dos traços essenciais da poética de Bandeira. A sua definição de poesia e seus poemas se espelham. Em "Belo, belo" ele diz: "Quero a delícia de poder sentir as coisas mais simples".

2. O Que É a Canção?

Quero pintar como cantam os pássaros.
PAUL CÉZANNE

Pintar não é uma maneira de lembrar com cores e formas?
MILTON HATOUM

Em seu livro *Que É a Literatura?*, Jean-Paul Sartre diz uma coisa curiosa: a poesia, diferentemente da prosa, está lado a lado com a pintura, a escultura e a música. Estas artes, diz ele, não são linguagem, porque não trabalham com signos, mas sim com coisas: "Aquele rasgo amarelo no céu sobre o Gólgota, Tintoretto não o escolheu para significar angústia, nem para provocá-la: ele é angústia feita coisa..."[1]. As cores, as formas e os sons musicais são coisas, existem por si mesmas e não remetem a nada que lhes seja exterior. O trabalho do artista será transformar estas coisas em objetos imaginários: "o pintor não deseja traçar signos sobre a tela, ele quer criar alguma coisa"[2].

Assim também, diz ele, o significado de uma melodia é a própria melodia, diferentemente das ideias, que podem ser traduzidas de várias maneiras: "Diga que a melodia é alegre ou sombria; ela estará sempre além ou aquém de tudo que se possa dizer a seu

---

1. Jean-Paul Sartre, *Que É a Literatura?*, p. 11.
2. *Idem, ibidem.*

respeito"[3]. As paixões do artista, que talvez sejam o motivo da melodia criada, sofreram uma "transubstanciação", isto é, transformaram-se em som musical.

O escritor, diferentemente do pintor e do músico, trabalha com significados e não com coisas. Mas isto só vale para a prosa. Quando Sartre aproxima a poesia da pintura, da escultura e da música, ele está considerando que a poesia, como elas, trabalha com coisas. Mas a matéria-prima da poesia não é a palavra? E a palavra não é um signo? E o signo não remete sempre a algo que não ele mesmo?

Sartre compara o ofício do poeta ao do pintor e do músico: para o poeta as palavras são coisas e não signos. O poeta, diferentemente do prosador, recusa-se a utilizar a linguagem como instrumento, como meio: ele não se preocupa com a busca da verdade, que é feita pela e através da linguagem, nem tampouco busca nomear o mundo, já que a nomeação do mundo implica um constante sacrifício da palavra à coisa nominada. O poeta se afasta por completo da linguagem-instrumento e escolhe a atitude poética que considera as palavras como coisas e não como signos. A ambiguidade do signo permite que se possa ver, através dele, a coisa significada, ou olhar para ele e considerá-lo como objeto:

> O homem que fala está além das palavras, perto do objeto; o poeta está aquém. Para o primeiro, as palavras são domésticas, para o segundo, permanecem em estado selvagem. Para aquele, são convenções úteis, instrumentos que vão se desgastando pouco a pouco e são jogadas fora quando não servem mais; para o segundo, são coisas naturais que crescem naturalmente como a relva e as árvores[4].

---

3. *Idem, ibidem.*
4. *Idem*, p. 13.

Embora o poeta considere as palavras como coisas, diz Sartre, as palavras não perdem todo o significado, pois é este que lhes dá unidade verbal: sem ele, as palavras seriam sons ou rabiscos sem sentido. O significado, fundido à palavra, também se torna coisa: "para o poeta a linguagem é uma estrutura do mundo exterior"[5].

Para o prosador, as palavras são como que prolongamentos dos seus sentidos; para o poeta, são coisas; para o prosador, as palavras são instrumentos de descoberta do mundo, para o poeta, são um dos aspectos do mundo. Como o poeta não usa a palavra como signo de um aspecto do mundo, ele vê nela a imagem de um desses aspectos. E como as palavras, como as coisas, são para ele incriadas, o poeta não se pergunta se estas existem em função daquelas, ou se aquelas em função destas: entre a palavra e a coisa vai, então, estabelecer-se uma dupla relação recíproca de semelhança mágica e de significado.

> A palavra poética é um microcosmo [diz Sartre]. E quando o poeta junta vários desses microcosmos, dá-se com ele o mesmo que se dá com os pintores quando juntam cores sobre a tela: dir-se-á que ele compõe uma frase, mas é só aparência; ele cria um objeto[6].

Diferentemente da poesia, a prosa trabalha com signos: as palavras não são objetos, elas designam objetos. Na prosa, a linguagem é um instrumento: através dela visamos algo, ela "é a nossa carapaça e nossas antenas; protege-nos contra os outros e informa-nos a respeito deles, é um prolongamento dos nossos sentidos"[7].

---

5. *Idem*, p. 14.
6. *Idem*, p. 16.
7. *Idem*, p. 19.

Embora tanto o prosador quanto o poeta escrevam, "entre estes dois atos de escrever não há nada em comum senão o movimento da mão que traça as letras"[8], diz Sartre. Cada um permanece em seu universo e estes universos são incomunicáveis entre si. A prosa é utilitária, destina-se a um fim exterior a ela; o escritor é um "falador": através da sua linguagem algo é mostrado. Ele nomeia as coisas e a palavra indica o mundo. Através da linguagem do escritor o mundo é desvendado. A poesia não: o poeta contempla as palavras, como o pintor as cores e, por mais que queira exprimir algo por meio dela, a substância da palavra se incorpora à sua expressão e a transforma em coisa. Por exemplo, se o poeta falar "alegria", seu sentimento de alegria se mistura ao som e sentido da palavra alegria e esta emoção, ao se incorporar à palavra, torna-se coisa. Pensemos agora na canção, onde isto é potencializado pela relação entre a letra e a música. Ao cantar "alegria", o sentimento se mistura ao som da palavra e ao som da melodia e a emoção, ao se incorporar à sonoridade, palavra e melodia, torna-se coisa. Para Sartre, a literatura é sempre engajada, é sempre um falar, um agir no mundo e a poesia não, já que ela se volta para si mesma. Como já foi dito, para o escritor, a linguagem é um instrumento para desvendar o mundo; para o poeta, é um aspecto do mundo. O olhar do escritor atravessa a linguagem e busca ver o que está além dela; o olhar do poeta se detém na linguagem e a contempla. O escritor, através da linguagem, busca ver o mundo; para o poeta a linguagem espelha-se a si mesma.

Se por um lado, esta diferenciação que Sartre faz entre poesia e prosa é esclarecedora, pois nos ajuda a pensar estas duas maneiras de usar a palavra, por outro, acho radical esta distinção. Tal-

---

8. *Idem*, p. 18.

vez nesta radicalidade esteja a força deste texto; mas o fato é que os poemas nos falam do mundo, nos remetem a ele, nos revelam o mundo através das palavras. Pensemos, por exemplo, em "Sentimento do Mundo" de Drummond. No caso da poesia concreta, a palavra-objeto aparece de modo evidente. Mas, se pensarmos na poesia moderna brasileira, em Drummond, Bandeira e Mário de Andrade, vemos que a linguagem poética refere-se também a algo externo a ela e que também desvenda o mundo. Entretanto, o material da poesia é a palavra, com sua sonoridade, sua maneira especial de relacionar-se com outras palavras e de configurar novas significações. A poesia é feita de um tecido de palavras e, mesmo se referindo a algo fora de si, atrai nossa atenção para sua malha, para sua rede, retrabalhando os significados das palavras, segundo a composição poética e gerando, muitas vezes, um novo sentido. E, como dizia Mallarmé, um poema se faz com palavras e não com ideias.

Acho que estas ideias de Sartre sobre a poesia podem ser aplicadas à canção e, ainda mais, acho que no caso da canção, a força de atração que a canção exerce sobre nós, nos trazendo para seu âmago é ainda mais acentuada pela presença da melodia, pois a melodia é, em si mesma, intraduzível e nos convida a ouvi-la, a mergulharmos nela. Já disse Sartre que o significado de uma melodia é a própria melodia, diferentemente das ideias, que podem ser traduzidas de diversas maneiras.

Merleau-Ponty, no texto *A Linguagem Indireta e as Vozes do Silêncio*, texto dedicado a Sartre, diz que a poesia, a prosa, a pintura, a escultura e a música, todas estas artes são linguagem. Diz que para Saussure os signos só significam uns em relação aos outros; isoladamente nada significam. A língua se processa por diferenças e a comunicação se estabelece entre duas totalidades.

Mas, se os termos separadamente não têm sentido algum, como poderia se estabelecer uma diferença entre eles? Há um paradoxo que caracteriza a linguagem, pois "se a comunicação deveras se passasse do todo da língua falada para o todo da língua ouvida, seria preciso saber-se a língua para aprendê-la"[9]. Se a comunicação se estabelece entre duas totalidades, isto já pressupõe um conhecimento anterior da linguagem, pois como poderia haver comunicação se não conheço a língua que ouço nem a que falo? Este paradoxo, que consiste em que a língua seja conhecida antes que eu a conheça é, para Merleau-Ponty, uma das características da linguagem: "E esta espécie de círculo, onde a língua se precede a quem a aprende, ensina-se por si mesma e sugere a própria decifração, é talvez o prodígio que define a linguagem"[10]. A língua é pensada como uma totalidade, onde as partes valem como o todo e sua unidade como unidade de coexistência. Merleau-Ponty faz uma analogia da linguagem com uma abóbada onde os elementos encadeados se sustêm, onde as partes aprendidas da língua valem como o todo e os progressos se fazem mais pela articulação interna do que por adição ou justaposição. Ele usa o exemplo da aprendizagem da linguagem pela criança: quando ela pronuncia as primeiras palavras ou os primeiros fonemas, fazendo um esforço de comunicação, ela já aprendeu a língua como totalidade.

Ainda que o signo não tenha um sentido isolado, ele tem um interior e se define em relação a outro signo. Esta correlação lateral acaba por gerar um sentido e esta geração de sentido não acontece no eixo vertical, mas é produzida pela totalidade do que é dito ou escrito. A geração do sentido é contínua, "a gênese do

---

9. Maurice Merleau-Ponty, *A Linguagem Indireta e as Vozes do Silêncio*, p. 141.
10. *Idem, ibidem.*

sentido jamais se conclui"[11]. O que aparece agora como sentido vem sendo prenunciado e continua a ser gerado pela linguagem e, por isso, não se pode pensar em uma significação transparente já que a linguagem está toda embrenhada neste vir-a-ser do sentido. A significação não é transparente justamente porque o seu processo de geração está sempre em movimento, não se conclui.

Como o sentido surge neste movimento contínuo da linguagem, não podemos conceber, como se costuma fazer, a distinção e a união da linguagem e de seu sentido. Diz Merleau-Ponty que costumamos pensar que o sentido é transcendente aos signos, assim como o pensamento seria transcendente a índices sonoros ou visuais, isto é, costumamos pensar a linguagem e o sentido separados, como se o sentido existisse por si e a linguagem o traduzisse, como se existisse um texto ideal que seria traduzido pela linguagem. Costumamos pensar também, continua ele, que o sentido é imanente aos signos, supondo que cada signo contém em si todo o seu sentido e, assim sendo, o sentido seria transparente. Mas, diz ele, não é assim que o sentido habita a cadeia verbal, nem que dela se destaca: se o signo só diz algo quando se perfila sobre outros signos, seu sentido está todo empenhado na linguagem, na "palavra que se desdobra sobre fundo de palavra, nada sendo senão uma dobra no imenso tecido da fala"[12].

Não podemos pensar o sentido separadamente da linguagem: há uma opacidade da linguagem resultante desse contínuo movimento de geração de sentido, pois este movimento contínuo impede a cristalização dele. Sentido e linguagem estão embrenhados um no outro e não há um texto ideal que as palavras irão

---

11. *Idem*, p. 143.
12. *Idem, ibidem*.

traduzir. A linguagem, diz Merleau-Ponty, mais que um meio, é algo como um ser:

> Sua opacidade, sua obstinada referência a si mesma, suas voltas e redobros sobre si são precisamente o que fazem dela um poder espiritual: com efeito, torna-se algo assim como um universo, capaz de abrigar em si as próprias coisas, após tê-las mudado para seu sentido[13].

Ora, se expulsarmos do espírito a ideia de um texto original, do qual a linguagem seria a tradução cifrada, veremos que a ideia de uma expressão completa é um contrassenso, que toda linguagem é indireta ou alusiva e, se quisermos, silêncio[14].

Portanto, na medida em que não há um texto original que a linguagem vai traduzir, tampouco há uma expressão completa, que seria a tradução deste texto. A linguagem não tem esta precisão: ela é um fazer contínuo, um processo de geração de sentido, sendo este continuamente modificado pelo movimento da própria linguagem. A linguagem carrega em seu âmago esta imprecisão. Por isto a linguagem é também silêncio: porque não tem um sentido preciso, porque é sempre um não dizer ou um querer dizer que não se explicita totalmente e está sempre rodeada pelo silêncio que a gerou, que a envolve e que permanece com ela naquilo que ela não diz, dizendo. Merleau-Ponty fala no "fundo de silêncio" que envolve a palavra e podemos, por analogia, pensar no espaço vazio que envolve uma imagem.

Se não tenho um texto ideal para traduzir, se não existe um objeto que vou explicitar pela linguagem, mas se existe sempre uma intenção de significar e se esta significação vai sendo criada

---

13. *Idem*, p. 144.
14. *Idem, ibidem*.

no corpo e no movimento da própria linguagem, eu não tenho mais a pretensão de uma linguagem transparente que traduza algo, porque já não há o que transparecer, o que traduzir (o texto ideal, a natureza).

Merleau-Ponty faz uma crítica à noção clássica de linguagem enquanto tradução do mundo e fala da perda da ingenuidade de pensar que as palavras conseguiriam captar as coisas, traduzir o mundo. Na época clássica a linguagem verbal e a pintura tinham como meta traduzir o mundo das coisas para o mundo da linguagem verbal ou visual. Era como se existisse uma verdade escrita na natureza, uma linguagem do mundo que caberia ao artista, com sua habilidade e sensibilidade, traduzir. Acreditava-se que a natureza, o mundo objetivo tinha uma existência independente do sujeito e que caberia a este descobri-la. Havia um texto inscrito no mundo que aguardava ser decifrado, ser lido. O mundo era um livro a espera de um leitor que o soubesse ler. Merleau-Ponty diz que, para esta concepção, a função da palavra é redescobrir a linguagem própria das coisas. E a pintura clássica também caminha nesse sentido, quando busca uma representação do mundo tão verossímil que, no seu limite, atingiria a própria coisa. A pintura se empenhava em copiar o mundo e, neste sentido, o quadro rivalizaria com a natureza. Mas, continua ele, não é possível copiar a natureza porque não existe uma natureza objetiva independente do sujeito, não existe um modelo a ser copiado. Daí a ingenuidade desta concepção. A visão de mundo está relacionada com a percepção de quem o vê e este vidente já está imbuído de certos valores que orientam sua percepção. Sujeito e objeto estão imbricados um no outro. No instante em que o pintor acreditava estar copiando o mundo e, assim, estar descobrindo o segredo de uma representação o mais verossímil possível, ele estava, na verdade, descobrindo sua maneira de perceber o mundo e, portanto, a subjetividade já está aí implícita. Sujeito e objeto, natureza e arte estão imbricados um no outro. Não é possível pensá-los separadamente.

Não temos de um lado a linguagem e de outro o pensamento; de um lado a palavra e de outro o sentido; de um lado o texto ideal e de outro a tradução deste texto; de um lado o sujeito e de outro o objeto; de um lado o percebedor e de outro a coisa percebida; de um lado a natureza e de outro a arte. Temos a linguagem como um ser que, ao apropriar-se das coisas, coloca nelas a sua marca e vai gerando sentido, neste movimento contínuo. Por isso Merleau-Ponty diz que a linguagem é indireta: porque querendo designar as coisas, acaba aludindo a si mesma, acaba impregnando as coisas com sua própria natureza, com seu próprio sentido, assim como o sujeito que querendo ler o mundo, acaba lendo a si mesmo. E é também por isso que a linguagem é silêncio: porque sua tentativa de falar do mundo é frustrada; ela não consegue penetrar no âmago das coisas e acaba por falar de si mesma.

Este dilema da linguagem – desejo de expressar plenamente algo e a impossibilidade de fazê-lo – está presente na poética de Paulinho da Viola. Em *Para Ver as Meninas*, querendo fazer um samba sobre o infinito, o sambista silencia e canta assim: "Hoje eu quero apenas / Uma pausa de mil compassos". Em *Coisas do Mundo, Minha Nega*, tentando fazer um samba puro de amor, vai fazer um samba "Sem melodia ou palavra / Pra não perder o valor". As palavras não conseguem expressar o amor e o infinito. É através do silêncio que o poeta vai tentar expressá-los. E este silêncio é dito.

A linguagem e as coisas carregam, cada qual, seu silêncio. Há tanto nas coisas quanto na linguagem e na relação das coisas com a linguagem algo que é indizível. Nas coisas, porque a linguagem não consegue penetrar seu âmago, já que não consegue sair de si mesma; na linguagem, porque seu sentido é opaco e não pode ser cristalizado em significações transparentes e precisas, porque é sempre um não dizer ou um querer dizer que não se explicita, e também porque, querendo revelar algo fora dela, o mundo, a linguagem acaba por revelar-se apenas a si mesma e se instaura como tentativa de expressão, como desejo de significação. Não podemos separar o percebedor do mundo percebido. Fico pensando que somos mistério e que vivemos envoltos em mistério: este algo indizível que há em nós, nas coisas, nas palavras e na relação entre nós, as coisas e as palavras é o silêncio que todos carregamos. É o silêncio que carregamos mesmo quando falamos.

Se quando falamos estamos silenciando, a recíproca também é verdadeira. E aqui voltamos às palavras de Sartre. Diz ele que o homem

> [...] uma vez engajado no universo da linguagem, não pode mais fingir que não sabe falar: quem entra no universo dos significados, não consegue mais sair; deixemos as palavras em liberdade, e elas formarão frases, e cada frase contém a linguagem toda e remete a todo universo: o próprio silêncio se define em relação às palavras, assim como a pausa, em música, ganha o seu sentido a partir dos grupos de notas que a circundam. Esse silêncio é um momento da linguagem; calar-se não é ficar mudo, é recusar-se a falar – logo, ainda é falar[15].

Uma vez envolvido na rede da linguagem, o homem dela não mais sairá, estará sempre querendo dizer algo.

Voltando a Merleau-Ponty, diz ele que a linguagem é oblíqua e autônoma e se lhe acontece de significar diretamente alguma coisa

---

15. Jean-Paul Sartre, *op. cit.*, p. 22.

isto é uma capacidade secundária que ela possui, capacidade que é derivada de sua própria vida interior: "De fato, o escritor, como o tecelão, trabalha às avessas: preocupa-se unicamente com a linguagem e em sua trilha vê-se de repente rodeado de sentido"[16].

Se isto acontece com o escritor, diz ele, então o trabalho do escritor não difere muito do pintor, que se comunica conosco através da linguagem tácita das cores e das linhas, que se dirige a uma capacidade de decifração informulada em nós e que só será formulada após a comunicação, se nos empenharmos para isto depois de termos gostado da obra. Quer dizer, primeiro a obra nos cativa e, depois, vamos tentar decifrá-la. Aparentemente, o trabalho do escritor seria muito diferente do pintor, já que ele trabalha com signos já elaborados, num mundo de palavras conhecidas, requisitando de nós, leitores, apenas que reordenemos as significações segundo as indicações que ele mesmo nos deu por meio de sua composição. Mas, se o escritor se comunica conosco tanto pelo dito quanto pelo não dito, se o sentido não é unívoco, mas se constitui na relação entre os signos, se a linguagem não é transparente e carrega em si não só o que exprime, mas também o que não exprime, pois há sempre uma opacidade que é característica do ser da linguagem, se há, portanto, na linguagem do escritor, não só uma comunicação expressa, mas também uma comunicação tácita e podemos comparar o ato de escrever ao ato de pintar, então podemos comparar a pintura e a linguagem verbal, aceitando que ambas se comunicam conosco através do que não é explícito. Como a pintura não diz, se a palavra diz e também não diz, temos aí a possibilidade de comparação entre estas duas artes. Como a pintura, a palavra também se comunica de

---

16. Maurice Merleau-Ponty, *op. cit.*, p. 145.

forma tácita: no dizer, há um não dizer; no não dizer, um dizer, e esta comunicação tácita é como a linguagem das cores e das linhas. Linguagem verbal e pintura: ambas são linguagens e ambas as linguagens são alusivas e indiretas.

A noção de poesia, neste texto de Merleau-Ponty, é bem ampla: é poesia aquela expressão que desperta e reintegra "nosso puro poder de exprimir, para além do que já foi dito ou visto"[17]. Portanto, quando ele fala aqui de poesia, a pintura está incluída e não só a pintura, mas também a escultura, a literatura, a música. A poesia aparece como expressão criadora. Podemos pensar em dois sentidos diferentes para o uso da palavra poesia neste texto: um é este, abrangente, que está presente nas diversas artes e que as caracteriza enquanto arte; o outro, mais circunscrito, é no sentido de poema, de expressão literária. Quando ele compara a pintura e a poesia, está se referindo à expressão literária.

O que o pintor e o poeta "nominam é seu enlace com o mundo"[18]. Tanto um quanto o outro estão sempre recriando; o que são os objetos do mundo para o pintor, são as palavras para o poeta e podemos dizer, são os sons para o músico. Ambos, poeta e pintor, dizem algo novo por um sistema de equivalências que introduz um elemento de perturbação na sua relação com o mundo: eles desatam seus laços comuns com as coisas e as palavras em nome de um enlace novo com elas e, assim, ambos acabam por ter uma visão e uma ação livres ao descentrar e reagrupar os objetos e as palavras de uma nova maneira. O trabalho do pintor é semelhante ao do escritor e se na linguagem da pintura o sentido permanece cativo para nós, diz ele, é porque não nos

---

17. *Idem*, p. 151.
18. *Idem*, p. 154.

comunicamos com o mundo pela pintura. Mas para o pintor e para quem conceber o mundo por ela, a escolha das cores ou dos objetos preside à composição do quadro, da mesma forma que a sintaxe ou a lógica preside a composição do texto. O trabalho é sempre o mesmo: o músico estabelece um novo sistema de equivalências entre os sons, o dançarino, entre os gestos. "Queremos sempre significar, há sempre qualquer coisa a dizer, de que nos aproximamos mais ou menos"[19]. Seja com palavras, com gestos, com cores ou com sons.

Para Merleau-Ponty há em toda linguagem uma espontaneidade que não segue instruções, nem mesmo aquelas que o escritor gostaria de cumprir e que leva o autor e o leitor para um universo comum que, de certo modo, escapa a ambos, pois a capacidade significativa da linguagem excede a definição recebida ou pretendida pelo escritor. Assim como no gesto, as operações realizadas pelo corpo permanecem obscuras e são espontâneas, as palavras, os traços, as cores, os sons que o poeta, o pintor e o músico exprimem também saem deles de modo espontâneo, provocados pelo que querem expressar.

Merleau-Ponty faz uma analogia entre ver/olhos, fazer/corpo e dizer/linguagem: nada veríamos se não tivéssemos em nossos olhos um meio de surpreender, interrogar e formar configurações de espaço e cor em número definido; nada faríamos se não tivéssemos junto ao corpo algo que, saltando por sobre todas as vias musculares e nervosas, nos levasse a algum ponto. Ofício análogo exerce a linguagem literária, pois nada diríamos se não dispuséssemos de um sistema corporal capaz de produzir e perceber sons e sentidos: o escritor, sem nos preparar, nos trans-

---

19. *Idem*, p. 155.

porta do mundo já dito ao mundo que se está dizendo. E, assim como o corpo só se movimenta para nos conduzir por entre as coisas do mundo se pararmos de analisá-lo, se o deixarmos livre e espontâneo para que se movimente e se envolva com o mundo ao seu redor, para que mundo e sujeito se encontrem e se imbriquem um no outro, a linguagem também só se torna literária, isto é, expressiva, artística, se deixarmos de analisá-la passo a passo e nos deixarmos conduzir por ela por suas sendas inusitadas; se permitirmos às palavras e a todos elementos de expressão que compõe o livro que se envolvam nesta significação especial que nasce da singularidade da composição de seus elementos, se permitirmos a todo escrito que se movimente neste "estado ulterior em que assume, quase, a irradiação muda da pintura"[20].

O sentido do romance, do poema, da pintura só é perceptível como "deformação coerente imposta ao visível: o que sempre lhe ocorrerá"[21].

O que caracteriza a canção é o entrelaçamento da letra com a melodia: vamos ter um texto cantado ou, se quisermos, uma música falada. A palavra cantada se apresenta a nossos ouvidos como uma totalidade e, ainda que possamos tecnicamente separar a melodia da letra, ambas estão amalgamadas na canção. Se pensarmos no processo de criação, podemos pensar que havia primeiro uma letra que depois foi musicada, sendo que elas podem ser de autores diferentes, ou que havia uma música para a qual foi feita uma letra, ou então que ambas nasceram juntas num momento de inspiração do compositor. No caso da música popular brasileira, muitas vezes a canção nasce inteira, numa mesa

---

20. Idem, p. 171.
21. Idem, ibidem.

de bar e tem seu primeiro registro num guardanapo de papel. Como podemos destacar a letra da melodia, podemos dizer que para uma letra seria possível mais de uma melodia e para uma melodia, mais de uma letra. E isto de fato acontece. Manuel Bandeira conta em "Itinerário de Pasárgada" que fez a letra de *Azulão* para uma melodia de Jaime Ovalle. A mesma letra, depois, ganharia mais duas belas melodias, uma de Radamés Gnattali e outra de Camargo Guarnieri. Mas mesmo que possamos separar a letra da melodia isto não é relevante: uma vez que escutemos uma canção, ela é aquela melodia e aquela letra e não outra e nem uma separada da outra. Digamos que *Azulão* de Jaime Ovalle é uma canção diferente de *Azulão* de Radamés Gnattali. Isto porque a canção é este objeto artístico que se constitui pela interação de letra e música, onde estes elementos formam uma unidade poético-musical, e porque uma certa canção é uma certa canção e não outra e nem apenas uma de suas partes. A canção é uma totalidade, onde suas partes estão em interação, letra e música se iluminando reciprocamente, criando um sentido.

Além disto, a letra de música é diferente do poema. O objeto do poema é a palavra escrita, o da canção é a palavra cantada, a palavra que vai ser escutada e não lida. A canção habita na oralidade. Sua palavra poética é criada no limiar da poesia e da fala, da poesia e da prosa. Sua natureza é híbrida.

Pensando na distinção que Sartre faz entre signo e coisa, a palavra cantada está mais próxima da palavra do poeta? É uma coisa e não um signo, e, assim, se coloca ao lado da pintura, da escultura, da música e da poesia? Ela nos remete para dentro dela, como as cores de um quadro atraem o nosso olhar para dentro da tela. Ainda assim, ela não perde seu significado, pois, como disse Sartre, se o perdesse, seria como um rabisco feito ao acaso.

O QUE É A CANÇÃO?

Sua proximidade com a linguagem falada, com a linguagem-instrumento, a puxa em direção à prosa, sua musicalidade, à poesia. O que é relevante na canção é a própria palavra cantada e não aquilo que ela quer dizer. E é isto o que a diferencia da palavra do escritor. A musicalidade da palavra cantada nos atrai para seu âmago e assim somos tragados por ela, e ficamos quietos, atentos, ouvindo este corpo sonoro, tecido de poesia, melodia e fala, que penetra em nossos ouvidos e nos impressiona. Enquanto coisa, a palavra cantada vibra, enquanto signo, fala-nos das coisas do mundo. Assim, sartrianamente, a canção é híbrida; é linguagem e é um objeto criado pela atitude poético-musical do cancionista.

Pensando em Merleau-Ponty, a canção, assim como a poesia, a prosa, a pintura, a escultura e a música, é linguagem e, como linguagem, é expressão, intenção de significar e, sendo assim, carrega seu próprio silêncio. Este é um dos paradoxos da linguagem em Merleau-Ponty, expressão e silêncio, expressão que silencia, silêncio que expressa. E está presente na canção. O limite da possibilidade de expressão da canção é seu silêncio. A canção, como a palavra, canta também o seu silêncio. Silêncio e expressão, linguagem e objeto, palavra e música, poema e fala: é neste espaço oscilante que a canção habita. Muitas vezes, como um cometa, a canção faz rapidamente sua aparição sonora e desaparece, deixando um rastro luminoso, sua lembrança, na memória, rastro e lembrança sempre na iminência de se presentificarem novamente na recordação, ou na voz de alguém cantando, em algum lugar, alguma canção.

3. Cantar para Quem?

> *Assim como a canção*
> *Só tem razão se se cantar.*
>
> Vinicius de Moraes

O livro precisa ser lido, o quadro visto e a canção ouvida para completar o seu percurso? Alguém escreveria uma canção se não fosse para que ela fosse ouvida? Alguém comporia uma canção só para si mesmo?

> I celebrate myself, and sing myself,
> And what I assume you shall assume,
> For every atom belonging to me as good belong to you[1].

Com estes versos, em "Song of Myself", Walt Whitman, cantando para si mesmo, alerta-nos, leitores, que podemos fazer o mesmo. Mas, quando ele canta para si mesmo, não cantaria também para nós, que o lemos?

Sem o ouvinte, a canção seria criada? E se fosse, e se eu cantasse para mim mesma e ninguém mais ouvisse?

---

1. "Celebro-me e canto-me, / E aquilo que assumo tu deves assumir, / Pois cada átomo que a mim pertence a ti pertence também".

T. S. Eliot no ensaio "As Três Vozes da Poesia" diz que a primeira voz da poesia é aquela do poeta que fala consigo mesmo, a segunda é a do poeta que fala com o outro, que se dirige a uma plateia e a terceira voz é a do poeta que cria uma personagem dramática que fala em verso e que diz aquilo que a personagem imaginária diria. Todas estas três vozes são vozes do poeta, vozes literárias e não vozes da pessoa, pois por mais que o poeta derrame sua subjetividade no texto, trata-se de um texto, de uma ficção e não da voz da própria pessoa. A diferença entre a primeira e a segunda voz, a do poeta que fala consigo mesmo e a do poeta que fala com o outro, conduz aos problemas da comunicação poética, diz Eliot. A distinção entre a segunda e a terceira voz irá apontar para as questões da diferença entre os versos dramáticos, quase-dramáticos e não-dramáticos.

Para nós, interessa agora a primeira e a segunda voz. Pergunta Eliot: não pode um poema ser escrito para o ouvido, ou para o olho de uma só pessoa? "Não será o poema de amor, às vezes, uma forma de comunicação entre uma pessoa e outra, sem nenhuma possibilidade de uma outra plateia?"[2]

As canções de amor, dirigidas a uma só pessoa, no momento em que são cantadas, são ouvidas por outras. E não só isso. Quando um cancionista escreve para que alguém cante, já não há aí uma comunicação exclusiva entre dois amantes. Quando Eliot fala do poema dirigido a uma só pessoa e cita o poema epistolar, diz que nunca poderemos ter uma evidência clara de que outra pessoa, além daquela a quem o poema é destinado, não o tenha lido: "Mas minha opinião é a de que um bom poema de amor, ainda que dirigido a uma pessoa, está sempre destinado a ser ouvido secretamente por outra"[3]. E então, como

---

2. T. S. Eliot, "As Três Vozes da Poesia", *De Poesia e Poetas*, p. 122.
3. *Idem*, p. 124.

o poeta não se dirige a uma só pessoa, estamos no âmbito da segunda voz da poesia.

Voltando para a primeira voz: o poeta cantaria para si mesmo? Cantar por cantar, por alguma necessidade interna, sem pensar em nada nem em ninguém, senão em expressar aquilo que se está sentindo ainda de forma obscura? Vejamos o que Eliot pensa a este respeito. Ele prefere chamar de meditativo em lugar de lírico "o poema que expressa os pensamentos e as emoções do poeta"[4], e cita uma conferência do poeta alemão Gottfried Benn, "O Problema do Poema Lírico", onde este considera como lírico o poema da primeira voz. Benn se pergunta pelo que "começa o escritor de um poema que não se dirige a ninguém?"[5] Diz ele que, de um lado, há um "germe criativo" e, de outro, a linguagem à disposição do poeta. Há algo que germina no poeta e para o qual ele precisa encontrar palavras. Ele não sabe de que palavras precisa até encontrá-las; ele não sabe dizer o que germina dentro dele, senão quando consegue criar o poema, "não sabe identificar este embrião até que este seja transformado numa combinação de palavras justas numa ordem correta"[6]. Quando ele encontra as palavras, a "coisa" que o impeliu a procurá-las desaparece e surge o poema. O ponto do qual o poeta partiu é obscuro e não tem, às vezes, sequer a clareza de uma emoção e ainda é menos que uma ideia. Eliot concorda com Benn e diz que se poderia ir até um pouco mais além:

> Num poema que não é didático nem narrativo, e que não está animado por nenhum outro propósito social, o poeta pode estar apenas preocupado em exprimir em verso – utilizando todos seus recursos verbais, com sua história, suas conotações, sua música – esse obscuro impulso. Ele não sabe

4. *Idem*, p. 133.
5. *Idem*, p. 134.
6 *Idem, ibidem*.

o que tem a dizer até que o diga; e no esforço para dizê-lo não está interessado no fato de que outra pessoa não entenda coisa alguma. Ele não está, nesse momento, interessado em ninguém, a não ser em descobrir as palavras certas, ou então as que são as menos impróprias. Não está interessado em saber se alguém as ouvirá ou não, ou se alguém mais as compreenderá, se ele as compreende. Está sob o peso de um fardo do qual precisa se livrar para obter algum alívio. Ou, para recorrer a uma outra imagem, está acossado por um demônio, um demônio contra o qual ele se julga impotente, pois em sua primeira manifestação este não tem face, nem nome, nem nada; e as palavras, o poema que ele concebe, são uma espécie de exorcismo desse demônio. Em outras palavras ainda, ele se concede todo esse cuidado, não para se comunicar com alguém, mas para obter alívio de um agudo mal-estar; e quando as palavras afinal se arrumam de modo correto – ou de acordo com aquilo que ele chega a admitir como o melhor arranjo de que foi capaz, pode o poeta experimentar um instante de exaustão, de apaziguamento, de absolvição e de algo muito próximo do aniquilamento, que é em si indescritível[7].

Os poemas da primeira voz seriam, assim, uma espécie de exorcismo que o poeta faz para se livrar de emoções e pensamentos que nele habitam de forma obscura e que o impulsionam a encontrar as palavras certas para tornarem-se um poema. O ato de escrever é, então, um ato de libertação de um fardo e, pronto o poema, o poeta se sente aliviado daquelas forças que o inquietavam.

Eliot diz que "por amor à simplicidade" falou das três vozes como se estas se excluíssem, mas que para ele as três são encontradas amiúde juntas: a primeira e a segunda na poesia não dramática; e ambas associadas à terceira na poesia dramática. Mesmo quando um poeta escreve para si mesmo, ele desejará saber de outra pessoa o que ela acha do poema que escreveu. Mas ele não pensa apenas naqueles poucos amigos que pode-

---

7. *Idem*, pp. 134-135.

rão contribuir com alguma crítica ao poema. Pensa também no público leitor, numeroso e desconhecido, para quem o poema será entregue:

> A entrega definitiva, por assim dizer, do poema a um público desconhecido, à revelia do que esse público possa fazer do poema, parece-me o epílogo do processo iniciado na solidão e sem que se cogitasse do público, esse longo processo de gestação do poema, pois ele assinala a separação final entre o poema e o autor. Deixemos o autor, a essa altura, descansar em paz[8].

Em todo poema, da meditação pessoal ao drama, há mais de uma voz a ser ouvida, afirma Eliot. Se o autor jamais falasse consigo mesmo, seria difícil fazer uma poesia e uma parte de nosso prazer consiste em ouvir palavras que não nos foram destinadas, em compartilhar da intimidade do poeta de modo indireto. É como se penetrássemos sorrateiramente na intimidade de alguém que nos fascina e que não conhecemos. Mas se o poeta quisesse apenas falar consigo mesmo, seria o poema concebido numa língua secreta e desconhecida que preservaria sua intimidade. Mario Vargas Llosa, na introdução do ensaio "História Secreta de um Romance", conta como foi o processo de criação de *A Casa Verde* e toca exatamente neste ponto: ocultamento e exibição. Ele compara o ato de escrever um romance a um *strip-tease*:

> Escrever um romance é um ritual semelhante ao *strip-tease*. Como a moça que sob impudicos refletores se desfaz das roupas e mostra, um a um, seus íntimos segredos, também o romancista desnuda sua intimidade em público através de seus romances[9].

---

8. *Idem*, p. 136.
9. Mario Vargas Llosa, "História Secreta de um Romance", *A Casa Verde*, p. 361.

Esta analogia pode se estender ao cantor, quando escolhe e interpreta uma canção, ao poeta, quando escreve seus versos, ao pintor, quando faz seus quadros. Enfim, a toda manifestação artística, onde há sempre, direta ou indiretamente, um desnudamento da subjetividade.

Mas, logicamente, existem diferenças [continua ele]. O que o romancista revela não são seus encantos ocultos, como o faz a desembaraçada moça, senão demônios que o atormentam e o obsediam, ou seja, a parte mais feia de si mesmo: suas nostalgias, culpas e rancores. Outra diferença é que a moça está vestida no princípio e no final despida. No caso do romance, a trajetória é inversa: no começo o romancista está despido e no final vestido. As experiências pessoais (vividas, sonhadas, ouvidas e lidas) que se constituíram no primeiro estímulo para escrever a história ficam tão maliciosamente disfarçadas durante o processo de criação que quando o romance está terminado quase sempre ninguém, nem o próprio romancista, pode escutar com facilidade esse coração autobiográfico que bate fatalmente em toda ficção. Escrever um romance é um *strip-tease* invertido, e todos os romancistas, discretos exibicionistas[10].

Há um jogo de ocultamento e desvendamento entre leitor e poeta: este parece falar apenas consigo (ocultamento), mas está se expondo ao outro (desvendamento), na medida em que faz o poema e o mostra; o leitor parece sentir prazer em ler algo que não lhe é destinado, em desvendar um segredo, mas ao mesmo tempo, sabe que o que está escrito é também para ser lido por ele. Esta ambiguidade tanto do poeta quanto do leitor parece permear os poemas onde a primeira voz é a dominante. A imagem de um *strip-tease* se encaixa aqui, digamos, como uma luva: o poeta que fala na primeira voz é, por excelência, um "discreto exibicionis-

---

10. *Idem, ibidem.*

ta". Digamos que de início o poeta está nu e começa a vestir-se com a voz de seu poema. *Strip-tease* invertido. Por outro lado, quando começa a se vestir de palavras, desnuda seu íntimo.

Em *Que É a Literatura?*, respondendo à questão "Por que escrever?" Sartre diz o seguinte:

> Cada um tem suas razões: para este a arte é uma fuga, para aquele, uma maneira de conquistar. Mas pode-se fugir para um claustro, para a loucura, para a morte; pode-se conquistar pelas armas. Por que justamente escrever, empreender por escrito suas evasões e suas conquistas?[11]

Porque, diz ele, por trás dos vários desígnios dos autores, há uma escolha mais profunda: nossas percepções são acompanhadas pela consciência de que a realidade humana é "desvendante", de que através dessa realidade há o "ser" e de que é através do homem que o mundo se manifesta. Mas, se por um lado, nós desvendamos o ser, por outro, não o produzimos: se não vemos algo, este algo permanece, ainda que de modo obscuro. Se, por um lado, somos desvendantes, somos inessenciais em relação à coisa desvendada. E nos sentirmos essenciais em relação ao mundo, diz ele, é um dos principais motivos da criação artística.

Quando alguém escolhe um tema para escrever, um aspecto do mundo para colocar na tela, uma certa combinação de sons para compor uma melodia, uma canção para cantar, esta escolha faz com que ele se sinta essencial em relação à sua criação. Mas, então, quando ele se sente essencial em relação à sua criação é a própria criação que lhe escapa: o objeto criado nunca está concluído, sempre lhe falta algo que poderia ser acrescentado e, assim sendo, não é possível desvendá-lo plenamente. Pois "se nós

---

11. Jean-Paul Sartre, *Que É a Literatura?*, p. 33.

mesmos produzirmos as regras da produção, as medidas e os critérios, e se o impulso criador vier do mais fundo do coração, então nunca encontraremos em nossa obra nada além de nós mesmos [...]"[12]. Manifesta-se aqui a seguinte dialética: "Assim, na percepção, o objeto se dá como essencial e o sujeito como inessencial; este procura a essencialidade na criação e a obtém, mas então é o objeto que se torna inessencial"[13].

Sartre não fala de música nem de canção, mas estas ideias sartrianas se aplicam muito bem à canção, já que se referem à criação de um objeto artístico, podendo ser este objeto artístico um livro, um quadro, uma escultura, uma foto, um filme ou uma canção. Ele diz que para que o objeto literário surja é preciso um ato concreto: a leitura. Do mesmo modo, o quadro precisa ser visto e a canção ser cantada pelo intérprete e ouvida pelo público. Enquanto lê, diz Sartre, o leitor prevê e espera: prevê o que vai acontecer e espera a confirmação ou não de sua previsão. O ato criador, o ato de escrever, implica uma quase-leitura implícita que torna a verdadeira leitura impossível. A ideia de ler implica prever, esperar e é por isso que o escritor nunca pode ler-se: ele já sabe. A leitura evoca a presença do outro. A escuta também: se pensarmos na canção, a escuta aqui desempenharia o mesmo papel que a leitura para o objeto literário. A escuta implica também prever, esperar, coisa que o compositor não pode fazer, pois ele já conhece a canção, já realizou uma quase--escuta que não permite que possa escutar-se realmente: o cancionista já conhece os caminhos da canção que criou. Diz Sartre:

> Não é verdade, pois, que o escritor escreva para si mesmo: seria o maior fracasso; projetar as próprias emoções no papel resultaria, quando muito,

---

12. *Idem*, p. 35.
13. *Idem, ibidem*.

em dar-lhes um prosseguimento enlanguescido. O ato criador é apenas um momento incompleto e abstrato da produção de uma obra; se o escritor existisse sozinho, poderia escrever quanto quisesse, e a obra, enquanto objeto jamais viria à luz: só lhe restaria abandonar a pena ou cair no desespero. Mas a operação de escrever implica a de ler, como seu correlativo dialético, e esses atos conexos necessitam de dois agentes distintos. É o esforço conjugado do autor com o leitor que fará surgir esse objeto concreto e imaginário que é obra do espírito. Só existe arte por e para outrem[14].

Faço um parêntese: este pensamento me leva a pensar na gênese da linguagem. Não haveria linguagem se o homem não precisasse se comunicar com o outro, se quisesse permanecer sozinho no meio do mundo? Eu posso, em meio à multidão, falar e me sentir sozinha, mas, a partir do momento em que estou no mundo, a presença do outro já está instalada em mim. Na verdade, o outro é a origem de meu nascimento. Uma coisa é sentir-se só no meio de muitos, por não compactuar com certa maneira de ser e ver o mundo; outra coisa é acreditar que se está sozinho: já nascemos do mundo e no mundo, nos ensina Merleau-Ponty falando sobre a liberdade:

> O que é a liberdade? Nascer é ao mesmo tempo nascer do mundo e nascer no mundo. O mundo já está constituído, mas também não está nunca completamente constituído. Sob o primeiro aspecto somos solicitados, sob o segundo somos abertos a uma infinidade de possíveis[15].

Voltando à questão inicial, fala-se para se comunicar com o outro ou por um ímpeto natural de nosso ser, que existiria independente do outro? Posso pensar o homem só no mundo?

---

14. *Idem*, pp. 36-37.
15. Maurice Merleau-Ponty, "O Ser-para-si e o Ser-no-mundo", *Fenomenologia da Percepção*, p. 608.

Rousseau, em *Ensaios Sobre a Origem das Línguas* diz o seguinte a respeito do nascimento da linguagem:

> No momento em que um homem foi reconhecido por um outro como um ser sensível, pensante e semelhante a ele, o desejo ou a necessidade de comunicar-lhe os próprios sentimentos e os próprios pensamentos fez com que procurasse os meios de fazê-lo[16].

Para ele, a palavra é a primeira instituição social, e ela nasce do desejo de comunicação, desejo este que nasce no momento em que o homem reconhece outro homem como seu semelhante. Então, é a partir de um sentimento de alteridade e de identidade que vem o desejo de comunicação, desejo que vai dar origem à linguagem.

Para Sartre, a obra de arte é fruto do esforço conjugado do autor com o leitor; ela não existe sem a presença do outro. Então, podemos dizer que, para ele, o texto não existe sem o leitor e a canção não existe sem o ouvinte. O interessante no pensamento de Sartre é que o leitor não é visto como um elemento exterior à obra: ele é um de seus polos constitutivos. A criação do artista é um momento incompleto e abstrato da produção da obra de arte, que só se configura enquanto tal com a presença do outro. O ato de escrever implica o de ler. Estes dois atos necessitam de dois agentes distintos e é a conjunção destes dois agentes que faz surgir o objeto estético, a obra de arte. Transpondo esta ideia para o universo da canção, podemos dizer que a canção só se constitui como obra de arte com a presença do ouvinte, presença esta que não é exterior a ela, mas que é inerente à própria obra: não haveria canção se não houvesse quem

---

16. Jean-Jacques Rousseau, *Ensaio Sobre a Origem das Línguas*, p. 109.

a escutasse e a presença do ouvinte já está presente na criação do objeto artístico.

Sartre diz que a leitura é síntese da percepção e da criação, pois coloca a essencialidade do sujeito e do objeto. O sujeito é essencial para desvendar o objeto; o objeto é essencial porque é transcendente, impõe suas próprias estruturas, é observado e esperado. O leitor não só desvenda o objeto, mas também o cria à medida que o vai desvendando. Se por um lado as intenções do autor estão presentes em toda obra, elas também não estão, já que é preciso que o leitor também as invente. A leitura é então "criação dirigida". Por um lado, a substância do objeto literário não é outra que a subjetividade do leitor; por outro, há o texto, as palavras que, como armadilhas, vão suscitando os sentimentos do leitor:

> Assim, para o leitor tudo está por fazer e tudo já está feito; a obra só existe na exata medida das suas capacidades; enquanto lê e cria, sabe que poderia ir sempre mais adiante em sua leitura, criar mais profundamente, com isso a obra lhe parece inesgotável e opaca como as coisas[17].

Pensando na canção, a escuta é esta síntese da percepção e da criação. O ouvinte desvenda a canção e, enquanto a desvenda, também a cria. As intenções do compositor estão presentes na canção e não estão, pois também são criadas pelo ouvinte: a escuta é "criação dirigida". A substância da canção é formada pela subjetividade do ouvinte e pelo objeto artístico, que vai tocar a sensibilidade do ouvinte. Para o ouvinte, como para o leitor, tudo está por ser feito e tudo já está feito; enquanto escuta e cria, sabe que sempre poderá ir mais além.

---

17. Jean-Paul Sartre, *op. cit.*, p. 39.

E, continua Sartre:

> Uma vez que a criação só pode encontrar sua realização final na leitura, uma vez que o artista deve confiar a outrem aquilo que iniciou, uma vez que é só através da consciência do leitor que ele pode se perceber como essencial à sua obra, toda obra literária é um apelo. Escrever é apelar ao leitor para que ele faça passar à existência objetiva o desvendamento que empreendi por meio da linguagem[18].

Transpondo estas considerações para a canção diria que toda canção é um apelo: cantar é também apelar ao ouvinte para que este me escute e faça existir plenamente a canção que canto.

No samba *Para Ver as Meninas*, Paulinho da Viola começa assim:

> Silêncio, por favor,
> Enquanto esqueço um pouco a dor do peito.

É significativo que ele comece diretamente com um apelo de silêncio: o silêncio do ouvinte é a primeira condição de escuta, de uma "criação dirigida". Mas aqui não se trata exatamente deste silêncio: ele não está pedindo para que o ouvinte fique quieto para escutá-lo; ele pede que o ouvinte fique quieto para que ele mesmo possa escutar-se, escutar o seu silêncio, esquecer-se de si. Ele pede um silêncio necessário para esquecer de si e de sua dor. É como se o poeta dissesse: "Psiu! Fiquem quietos. Deixem-me quieto. Quero me esquecer de mim". Só que não foi assim que Paulinho escreveu, e nesta escolha de iniciar a canção desta maneira ele já cria uma ambiguidade, uma dança de significações, um entrecruzamento de sinais. Se

---

18. *Idem, ibidem.*

retirarmos a frase do samba, "Silêncio, por favor", parece que o cantor pede silêncio para ser ouvido; se a recolocamos dentro do samba, é o cantor que quer ficar a sós consigo, mesmo não estando. Temos aqui um claro encontro das duas primeiras vozes da poesia: a voz do poeta que fala consigo mesmo e a do poeta que fala com o outro: o poeta diz ao outro que quer apenas falar consigo.

Quando cantei este samba numa apresentação, antes de cantá-lo, dizia apenas estes versos, sem melodia, "Silêncio, por favor", e jogava com a ambiguidade de estar pedindo silêncio a um público que já estava silencioso e atento. Isso causava um certo espanto, pois ninguém estava fazendo barulho. E despertava no ouvinte uma atenção mais aguçada. Em seguida, completava a frase e pegava o violão e começava a cantar o samba: o sentido da frase mudava, e eles se tornavam meus cúmplices, compartilhando a dor confessada no canto pelo poeta e pela intérprete.

É interessante pensar que o abafamento das paixões que o poeta requer para si, para poder criar este silenciamento encontra uma correspondência no abafamento das paixões que o ouvinte precisa realizar para poder escutar uma canção: o silenciamento das vozes da paixão é como que uma condição para que a canção exista tanto para o criador quanto para o ouvinte e para que a voz da canção desperte outras vozes interiores. O silêncio é o "papel em branco" do compositor e do intérprete.

Voltando à Sartre, ele diz que para pensar o objeto artístico não posso pensá-lo isoladamente, como obra acabada pelo seu autor, mas sim pensá-lo em relação ao público, leitor ou ouvinte. Não há de um lado a obra e de outro o público: há uma dinâmica da criação do objeto artístico onde autor e público estão unidos por laços inseparáveis. Há um movimento contínuo de geração de sentido onde a obra estimula o leitor a lê-la e o leitor estimula o artista a criá-la. Sartre diz que no livro não se tem razão para que o objeto artístico surja, mas se tem apenas estímulos para que isso ocorra; no espírito do escritor tampouco, pois sua subjetividade não pode por si só passar à objetividade. A criação da obra de arte não se pode explicar por estes aspectos e vai ser realizada pela liberdade do leitor: "Assim, o escritor apela à liberdade do leitor para que este colabore na produção de sua obra"[19].

Poder-se-ia argumentar, continua, que qualquer ferramenta é um apelo à nossa liberdade, já que é um instrumento de uma possível ação e, nessa medida, pensar a obra de arte como apelo não é algo que seja específico a ela. Mas o que a ferramenta solicita de mim é bem diferente do que o que o livro ou a canção ou o quadro fazem: a ferramenta não é um apelo à minha liberdade, ela se coloca a serviço dela. Já a obra de arte requisita minha liberdade: ela não é um meio que busca um fim, ela se propõe como finalidade à minha liberdade de leitor, de ouvinte. Para isso, primeiro a obra de arte reconhece minha liberdade para então solicitar que esta participe com ela na construção do objeto estético.

Assim a leitura é um exercício de generosidade; e aquilo que o escritor pede ao leitor não é a aplicação de uma liberdade abstrata, mas a doação de toda a sua pessoa, com suas paixões, suas prevenções, suas simpatias, seu temperamento sexual, sua escala de valores. Somente essa pessoa se entregará com generosidade: a liberdade a atravessa de lado a lado e vem transformar as massas mais obscuras de sua sensibilidade[20].

---

19. *Idem, ibidem.*
20. *Idem*, p. 42.

CANTAR PARA QUEM?

O escritor escreve para se dirigir à liberdade do leitor e solicitá-la para que sua obra exista. Mas não é só. Ele exige que o leitor reconheça a liberdade criadora do escritor e a solicite, e este é o outro lado do apelo. Há, portanto uma reciprocidade no reconhecimento da liberdade de ambos e na necessidade da ação conjunta para que o objeto estético exista: "quanto mais experimentamos a nossa liberdade mais reconhecemos a do outro: quanto mais ele exige de nós, mais exigimos dele"[21].

Embora o processo de criação literária e de criação da canção seja diferente, já que no caso dos sambistas a inspiração, a intuição, o improviso são os principais elementos constitutivos da criação da canção, diferentemente do poema e do romance, onde há maior elaboração intelectual, maior planejamento da obra; embora uma seja criada para ser ouvida e tocada e a outra para ser lida, a questão do apelo permeia as duas e não só: permeia o objeto estético, cabendo aqui outras formas de criação como a pintura, a música, a escultura, a dança, o teatro, a foto, o cinema.

Pensando na canção *Para Ver as Meninas* de Paulinho da Viola, estamos nos movendo no campo da primeira voz da poesia, de que nos falou Eliot, no ensaio citado. Mas, ainda assim, o sambista está cantando para alguém, ele está se dirigindo a alguém. Como disse Eliot, nunca há apenas uma voz na poesia.

O sambista tem liberdade de criar, o ouvinte, de ouvir, e o encontro destas duas liberdades faz surgir o objeto estético: o samba. Assim como para que o livro exista ele precisa da colaboração generosa do leitor, a canção precisa da escuta generosa do ouvinte. E, neste samba, mesmo o poeta dizendo que quer estar só, ele se dirige ao ouvinte e apela de forma negativa à sua escuta.

---

21. *Idem*, p. 43.

Sendo assim, às avessas, o sambista reconhece a liberdade do ouvinte e, na escuta generosa, o ouvinte também reconhece a liberdade do compositor. Ambos, cancionista e ouvinte, estão unidos num pacto cuja base é o reconhecimento da liberdade de ambos e cujo fruto é o nascimento do objeto estético em sua plenitude, o nascimento da canção, a criação do samba. Há um apelo recíproco – alguém quer falar, alguém quer ouvir – e o samba realiza esse elo, esse apelo.

Paulinho cantaria só para si mesmo este samba sobre o infinito? Eliot, Sartre e Rousseau diriam que não.

4. Alguém Cantando

INTRODUÇÃO

> ... *pois cantar é outro modo de falar.*
>
> T. S. Eliot[1]

> *Sabemos bem que unir a palavra e a música de um modo transparente é o segredo nunca totalmente explicável da canção.*
>
> José Miguel Wisnik[2]

Quantas vezes estamos andando distraidamente pela rua e "Alguém cantando alguma canção"[3] vem transformar completa-

---

1. T. S. Eliot, *De Poesia e Poetas*, p. 45.
2. José Miguel Wisnik, "Letras, Músicas e Acordes Cifrados", em Caetano Veloso, *songbook 2*, Almir Chediak, p. 8.
3. Caetano Veloso, *Alguém Cantando*.

mente o nosso estado de espírito e nos sentimos como que transportados para um outro tempo e espaço, de recordações ou de sonhos, de imagens ou de sensações que a canção suscita, para um outro mundo que não aquele em que estamos habitando naquele momento. Esquecemos a rua e os passantes, os automóveis e os edifícios, o que estávamos pensando ou vendo, tudo isto vira pano de fundo, perde sua importância e presença, e as imagens, os sentimentos, as sensações provocadas pela canção criam como que uma outra realidade, dentro daquela, sim, mas interiorizada e soberana. Este espaço interior se sobrepõe ao espaço exterior, nos desligamos temporariamente de nossa experiência imediata do mundo, somos impelidos pelo sopro da canção para uma outra dimensão, uma dimensão estética e depois de raptados do mundo exterior, voltamos a ele, mas de um outro modo, modificados pelo que aconteceu: o que alguém cantando diz, passa a ser, num primeiro momento, nossa experiência do mundo e, quando regressamos a ele, voltamos como que iluminados por aquela experiência estética.

Acontece algo parecido quando vemos um quadro e somos tragados para dentro da tela, ou lemos um livro, não importa onde nem com quem estejamos, se está calor ou se está frio, e passamos a habitar o universo imaginário criado pelo escritor.

A mobilidade da canção, esta sua matéria que é toda vibração, visibilidade invisível, este seu corpo volátil, a imprevisibilidade de sua aparição, já que ela pode aparecer somente na memória, ou numa loja que toca um cd, no rádio de uma padaria ou de um carro que passa rapidamente por nós, deixando apenas seu rastro sonoro, como alguém que passa pela rua e nos deixa inebriado pelo seu perfume, esta sua aparição móvel, invisível e inesperada é um de seus misteriosos encantos: não se sabe onde nem quando poderemos ser surpreendidos por ela e, mais que surpreendidos, termos a nossa atenção raptada pelo seu encanto e sermos lançados no universo que ela cria e que nós recriamos. Diferentemente de Ulisses, que não resistiu ao prazer de ouvir o canto das sereias, mas que pediu para ser amarrado ao mastro do navio para não ser seduzido e ir ao encontro delas, nós não resistimos à canção-sereia: antes, almejamos o momento, mesmo que breve e fugaz, em que ela surja e em que nós nos entreguemos ao seu canto e mergulhemos nas ondas sonoras deste mar que conhecemos? Desconhecemos?

Porque a canção pode ser uma canção que não conhecemos e que nos envolve na primeira escuta: amor à primeira vista. Ou então, uma velha canção, que nos leva para as águas da memória e salva do esquecimento alguns preciosos momentos. Recordação. Pode também nos fazer lembrar o que queremos esquecer. Ou nos revelar algo, que sempre esteve lá, mas só naquele instante percebemos.

Consagração do instante, a canção cria sua própria temporalidade.

O que é isto que habita a canção? De que matéria invisível ela é feita? Que natureza é esta que a torna amada, reconhecida e sedutora? O que é que faz com que ela se destaque deste mundo de ruídos e de falares vazios e incessantes em que vivemos mergulhados e conquiste nossa atenção e nossa alma, muitas vezes com seu mero despontar? Que sonoridade é esta? Que dizer é este?

A canção é este tecido híbrido e sedutor, entrelaçamento íntimo de texto e melodia, mistura de poema e fala, de poema e música, de música e fala e poema, esta presença impalpável que nos invade e nos toca, esta invisibilidade que nos torna visionários. Esta linguagem melodiosa que escutamos e que passa a ser, também, a nossa voz, já que a interiorizamos e podemos ouvi-la quando dela nos lembramos. Voz silenciosa. Assim como a habitamos, quando entramos no tecido sonoro que ela cria, somos por ela habitados, pois ela entra também em nós, penetra nosso tecido, passando a fazer parte de nosso ser. Ouvimos a canção, algumas vezes a cantamos, outras ela canta em nós: há momentos em que somos canção.

Não estou falando de qualquer canção, mas daquelas canções belas e especiais que tem o poder de despertar emoções, imagens, pensamentos, sentimentos e inspiração. Da canção que é arte, da canção que acrescenta algo à nossa existência, ou, como disse Bachelard, que é "ec-xistência"[4], que excede o mero viver e nos aproxima de um estado de plenitude, que nos acena com um sentido que transcende a linguagem do dia a dia. A canção é transcendental? Acho que sim. Mesmo quando o que nos encanta nela é a sua proximidade com a fala, ainda assim ela transborda os limites da linguagem falada. A fala se esvai. A canção não. Fica na memória e tem na repetição um de seus modos de ser: a canção é feita para permanecer, ser aprendida, lembrada, cantada. Cria assim uma outra temporalidade, que não a cronológica. Cria a sua própria temporalidade: rasga o fluir linear do tempo rumo ao futuro e instaura um passado--presente, um momento ritual de repetição, de recriação. E, como as águas do rio de Heráclito, nas quais ninguém se banha duas vezes, a canção nunca é cantada duas vezes da mesma forma. Mesmo quando ouvimos uma gravação, nossa escuta nunca é a mesma. A canção é recriada em cada execução, em

---

4. Gaston Bachelard, citado por Maurice Merleau-Ponty em *Linguagem Indireta e as Vozes do Silêncio*, p. 155.

cada escuta. Ninguém ouve duas vezes a mesma canção. "Não é possível entrar duas vezes no mesmo rio"[5].

LUIZ TATIT E *O CANCIONISTA*

Em *O Cancionista, Composições de Canções no Brasil*, Luiz Tatit faz uma analogia entre o compositor de canção popular e o malabarista: assim como este tem uma habilidade quase mágica em não deixar cair no chão os objetos que arremessa ao ar, o compositor também tem uma mágica habilidade que consiste em equilibrar a melodia no texto e o texto na melodia, os elementos da linguagem verbal nos da linguagem musical, conciliando a continuidade e a fluência da melodia e das vogais com a segmentação e o atrito da fala e das consoantes. O malabarismo do cancionista consiste, pois, em dar continuidade ao que é segmentado e em segmentar o que é contínuo: ele cria limites no campo da fluência e ultrapassa limites no campo da segmentação. Manobrando estas duas tendências antagônicas, a força de continuidade e a força de segmentação, assim como o malabarista faz com a leveza e o peso, o cancionista faz tudo soar, por fim, como se fosse "natural". Esta sua magia faz com que seu canto pareça uma expressão natural, quase que espontânea e presente, um canto falado. Podemos pensar também que ele faz sua fala parecer um canto: fala cantada, canto falado, vejamos aonde pode nos levar esta deliciosa magia do cancionista, da canção popular.

Diz Tatit que no universo da canção não importa tanto o que é dito, mas sim o modo de dizer, o "como" é dito. Bem, isto se aplica para toda arte. Digamos que não importa tanto o tema, mas o

---

5. Heráclito, "Fragmento L.", *Fragmentos Contextualizados*, Rio de Janeiro, Difel, 2002, p. 205.

modo de dizê-lo, de expressá-lo, tanto na literatura, como na pintura, na dança. Não foram os girassóis que tornaram o quadro de Van Gogh tão impressionante, mas o modo como ele os pintou, a expressividade que brota de suas pinceladas na tela, tudo aquilo que "ex-cede"[6] o girassol e o torna um quadro de Van Gogh.

Voltando à canção, é esse modo de dizer que vai criar a diferença entre a linguagem verbal comum, cotidiana ou técnica, e a linguagem verbal artística, poética. No mundo dos cancionistas, diz Tatit, a maneira de dizer é essencialmente melódica e é a relação da linguagem musical com a linguagem poética que vai tecer o corpo sonoro da canção. Sobre esta base melódica, o que é dito, que pode muitas vezes ser banal, efêmero, pode se tornar especial, expressivo, inesquecível. O recurso maior do cancionista, diz ele, é o processo entoativo. Melodizando a fala, transforma o que é efêmero, banal em perene, especial; a melodização instaura o poético na canção.

Mas penso que não é só isto. O poético surge também da letra da canção, de seu texto, de seu sentido. Se como diz Mallarmé, é com palavras e não com ideias que se faz um poema, diremos que é com a palavra cantada que se faz uma canção. Mas há algumas canções em que o texto é pleno de significado e já carrega em si o poético, que pode se manifestar de diversas maneiras. Algumas canções são poesia pelo poder de síntese com que tocam temas profundos e delicados, outras, pelo modo simples com que tocam o âmago das coisas, iluminando coisas que sempre estiveram presentes, mas que não eram percebidas, pelo modo como criam um "tumulto emocional", como nos fala Bandeira,

---

6. No sentido em que Gaston Bachelard usa o termo, citado por Merleau-Ponty em *A Linguagem Indireta e as Vozes do Silêncio*.

e nos conduzem a uma comoção estética. Pelo modo de olhar o mundo, instauram uma luminosidade especial, que revela algo que até então estava adormecido. Algumas canções são poesia porque "desentranham" do cotidiano a emoção poética, porque alumbram. Pela beleza, pelo tumulto, pelo estado de sensibilidade que criam elas se distanciam da fala comum. O que dizem e o modo como dizem estão envoltos em uma aura especial, que faz com que elas sejam destacadas do universo da sonoridade comum para o universo da arte.

A canção-poesia faz um corte no tempo cronológico e instaura um outro tempo, pleno de significação, onde as palavras ganham cor, cheiro, intensidade, textura, uma nova sonoridade, onde a imagem enunciada parece ter vida. Onde, como diz Borges, as palavras recuperam sua força mágica originária, anterior à banalização da palavra e do mundo, e, através do canto, vibram em toda a sua plenitude sonora e semântica. Em *Para Ver as Meninas*, *Coisas do Mundo*, *Minha Nega* e *Num Samba Curto*, de Paulinho da Viola, isto acontece.

PAUL VALÉRY: LINGUAGEM UTILITÁRIA E LINGUAGEM ARTÍSTICA

Paul Valéry, no ensaio "Poesia e Pensamento Abstrato", diz que "A poesia é uma arte da linguagem. A linguagem, contudo, é uma criação da prática"[7]. A comunicação entre os homens se realiza na prática e pela verificação que esta prática oferece, diz ele. A linguagem, no entanto, pode produzir duas espécies de efeitos muito diferentes. Quando ela tem por objetivo rea-

---

7. Paul Valéry, "Poesia e Pensamento Abstrato", *Variedades*, p. 208.

lizar a compreensão do que está sendo dito, uma vez realizada esta compreensão, ela é anulada: "nos empregos práticos ou abstratos da linguagem, a forma, ou seja, o físico, o sensível e o próprio ato do discurso não se conserva; não sobrevive à compreensão; desfaz-se na clareza; agiu; desempenhou sua função; provocou a compreensão; viveu"[8]. Aqui estamos no universo da linguagem utilitária. Mas, continua ele, "[...] tão logo esta forma sensível adquire, através de seu próprio efeito, uma importância tal que se imponha e se faça respeitar"[9], isto é, tão logo a linguagem deixa de ser meio para se tornar fim, entramos no universo poético, no universo da linguagem artística. Se na linguagem utilitária a palavra é anulada pela sua compreensão, na linguagem poética a palavra permanece viva: o poema, diz Valéry, "não morre por ter vivido; ele é feito expressamente para renascer de suas cinzas e vir a ser indefinidamente o que acabou de ser. A poesia reconhece-se por esta propriedade: ela tende a se fazer reproduzir em sua forma, ela nos excita a reconstruí-la identicamente"[10]. Não parece que estamos falando da canção? Não é exatamente isto o que acontece com ela? Ela renasce de suas próprias cinzas, pois depois que a ouvimos, não somos tentados a reproduzi-la da forma mais idêntica possível?

Valéry faz uma analogia entre a relação do andar e da dança com a da prosa e da poesia. O andar, assim como a prosa, tem função utilitária: anda-se para ir a algum lugar, fala-se para ser compreendido: "O andar, como a prosa, visa um objeto preciso. É um ato dirigido para alguma coisa à qual é nossa finalidade

---

8. *Idem*, p. 209.
9. *Idem, ibidem.*
10. *Idem*, p. 213.

juntarmo-nos"[11]. Já aquele que dança é diferente: ele faz movimentos e variações; o dançarino não quer ir a parte alguma; ele quer criar movimentos, sequências; ele busca a perfeição do movimento, quer extrair de cada gesto a máxima expressão, a maior significação. Pesquisa, procura, busca leveza, precisão, beleza, agilidade, expressividade. Diz Valéry que

> É sem dúvida um sistema de atos, mas tem um fim em si mesmos. Não vão a parte alguma. Se buscam um objeto, é apenas um objeto ideal, um estado de arrebatamento, um fantasma, uma flor, um extremo de vida, um sorriso – que se forma facilmente no rosto de quem o solicitava ao espaço vazio[12].

No entanto, por mais que a dança e o andar sejam diferentes, o corpo que dança ou anda é o mesmo. O mesmo corpo, utilizado de duas formas diferentes. E isto acontece também com a poesia e a prosa, pois são as mesmas palavras, utilizadas de modo distinto:

> Prosa e poesia servem-se das mesmas palavras, da mesma sintaxe, das mesmas formas e dos mesmos sons ou timbres, mas diferentemente coordenados e excitados. A prosa e a poesia distinguem-se, portanto, através da diferença de certas ligações e associações feitas e desfeitas em nossos organismos psíquico e nervoso, enquanto os elementos desse modo de funcionamento são idênticos[13].

Por este motivo, o que tem sentido quando estamos falando de poesia pode não ter, quando falamos de prosa. A diferença fundamental entre ambas é que no caso da poesia a linguagem permanece e no caso da prosa ela perece, pois

---

11. *Idem*, p. 212.
12. *Idem, ibidem*.
13. *Idem, ibidem*.

[...] a linguagem que acabou de me servir para exprimir meu propósito, meu desejo, meu comando, minha opinião, essa linguagem que preencheu esta função desvanece-se assim que chega ao seu objetivo. Emiti-a para que perecesse, para que se transformasse radicalmente em outra coisa nos seus espíritos; e saberei que fui compreendido através deste fato extraordinário, o de que meu discurso não existe mais: está inteiramente substituído por seu sentido – ou seja, por imagens, impulsos, reações ou atos que pertencem a vocês: em suma, por uma modificação interna de vocês[14].

A perfeição da linguagem utilitária está exatamente nesta sua capacidade de se transformar em sentido abstrato e, então, desaparecer. A perfeição da linguagem expressiva, ao contrário, está em permanecer: nela, sentido e linguagem estão amalgamados e o poema, como já foi dito, "não morre por ter vivido: ele é feito para renascer de suas cinzas e vir a ser indefinidamente o que acabou de ser"[15]. Cada uma das linguagens possui uma temporalidade própria: enquanto uma se extingue após a sua realização, a outra renasce.

Valéry estende os princípios de diferenciação entre as linguagens também ao canto e à fala. Tatit diz que

Os trabalhos de Paul Valéry sobre estética, associados às suas reflexões sobre o tempo, constituem, a nosso ver, a mais ampla e profunda referência para quem deseja abordar as práticas significantes que desempenham função artística a partir de material comprometido com funções utilitárias. Embora mantendo a tônica na relação entre poesia e prosa, Valéry estende seus princípios à relação entre canto e fala, e até mesmo à relação entre dança e marcha (o andar do dia a dia). A função utilitária da prosa, da fala e da marcha dispensa as leis solenes que ritualizam e estabilizam o plano da expressão. De acordo com o autor, todas essas práticas

14. *Idem*, pp. 212-213.
15. *Idem*, p. 213.

extraem seu valor e sua eficácia da rapidez com que se convertem em algo abstrato, desvinculado tanto da matéria quanto do percurso traçado pelo significante[16].

Quando se trata de compreender algo, a velocidade com que passamos pelas palavras, transformando-as em abstração, vai garantir a clareza e a rapidez da comunicação no campo da prosa e da fala. A poesia irá lutar contra esta celeridade, pois "a força da linguagem poética pode ser deduzida de um constante conflito implícito com a aceleração – esta sim, muitas vezes equivocada – da prosa e da linguagem coloquial[17]. E, como diz Valéry, "A poesia, arte da linguagem, é coagida a lutar contra a prática e a aceleração moderna da prática. Ela valorizará tudo o que pode diferenciá-la da prosa"[18].

No canto, como no poema, o plano da expressão, sua materialidade, sua sonoridade, são conservados. O fazer poético, no poema e na letra de música e o fazer musical, na melodia, vão se encarregar do aspecto perene do objeto artístico, que se opõe à celeridade das práticas utilitárias. O canto, assim como o poema, não se perde após sua expressão. A sonoridade do canto é conservada (letra e música) e a canção renasce a cada interpretação. Usando as palavras que Valéry usou para o poema, a canção não morre por ter vivido, ela renasce de suas próprias cinzas. A fala não. Uma vez realizada a compreensão do que está sendo dito, fica o sentido e a sonoridade da fala se desvanece. A palavra, então, é esquecida e volta a ser tragada pelo rio silencioso de onde emergiu. Submerge nas águas do esquecimento, do silêncio.

---

16. Luiz Tatit, *Semiótica da Canção, Melodia e Letra*, p. 251.
17. *Idem, ibidem.*
18. *Idem, ibidem.*

POESIA E MÚSICA: T. S. ELIOT E A MÚSICA DA PALAVRA; MANUEL BANDEIRA E A MUSICALIDADE SUBENTENDIDA

A poesia abriga em sua natureza uma contradição que, de certa forma, cria a sua dinâmica: de um lado, há nela algo que é inefável, difícil de ser traduzido, algo que percebemos e que nos escapa, uma cintilação imprecisa e que, no entanto, a define; de outro, lado a lado com esta imprecisão, uma estrutura que às vezes é bastante rígida. O mesmo acontece na música, mas de modo mais radical. Há um paradoxo que envolve a arte da música. De um lado, ela é a arte do inefável, já que sua linguagem não se traduz em palavras ou imagens. Como diz Sartre, o significado de uma melodia é a própria melodia, diferentemente das ideias, que podem ser traduzidas de diversas maneiras. Podemos mesmo dizer que tal música sugere esta ou aquela coisa, sentimento, sensação, mas é exatamente a sua natureza abstrata e indefinível que nos permite estas divagações acerca de seu possível sentido, porque ela mesma não tem sentido algum. O som, em si mesmo, não tem nenhum sentido preciso. Podemos associar certas sensações e emoções que um som nos causa a certos sentimentos como à tristeza, à alegria; a certos estados de ânimo como à introspecção, à extroversão; a certas imagens, como a uma mulher, ao mar, à cidade, mas sempre esta associação do som ao sentido é mais uma sugestão do que uma significação: "Diga que a melodia é alegre ou sombria; ela estará sempre além ou aquém de tudo que se possa dizer a seu respeito"[19].

Parece que o referencial mais claro que temos quanto ao sentido do som está ligado à sua natureza física: à frequência,

---

19. Jean-Paul Sartre, *Que É a Literatura?*, p. 11.

à duração, à intensidade e ao andamento. À frequência, pois o som mais agudo é mais tenso e o mais grave é mais relaxado; à duração, pois ser breve ou longo são qualidades do som que vão interferir na dinâmica musical; à intensidade, pois mais forte ou mais fraco são, digamos, acentuações do som que vão privilegiar certos trechos musicais e, finalmente, rapidez e lentidão vão determinar o movimento ágil ou vagaroso da música. Estes elementos, que são qualidades do som, comporão uma sintaxe musical.

Mas, se por um lado a música é a arte que mais nos incita a divagar, devido à sua natureza inefável, devido à sua imprecisão de sentido, por outro, é a arte mais passível de ser matematicamente precisa e é aí que está o seu paradoxo: o som musical pode ser medido em frequências, o ritmo é uma contagem do tempo, uma divisão do fluxo temporal em partes mensuráveis.

Umberto Eco, falando sobre esta natureza ambivalente da linguagem musical, diz:

> Foi talvez no campo da música que as estéticas do inefável se entregaram com um ímpeto mais livre à divagação literária sobre o mistério da arte. A presença de um discurso aparentemente desprovido de significados, privado de equivalentes verbais rigorosos, deixava facilmente entender que nos encontrávamos perante uma espécie de livre germinação do imponderável, uma linguagem nascida dos sentimentos na sua imediaticidade pré--verbal e pré-categorial, um reino da efusividade pura. Por outro lado, o âmbito da comunicação musical é o que se presta precisamente a ser estudado com a chave oposta, segundo o outro caminho da bifurcação enunciada, e por razões que qualquer estudante de solfejo, qualquer modesto intérprete e qualquer compositor sempre souberam, para aquém das superestruturas filosóficas das estéticas românticas: obedecendo a regras morfológicas e sintáticas de uma precisão absoluta e absolutamente impossíveis

de transcrever, o discurso musical antes de ser o lugar do mistério, é o lugar de uma absoluta clareza linguística[20].

Jorge Luis Borges, começa o ensaio "Pensamento e Poesia", dizendo que para Walter Pater toda arte aspira à condição da música. E por quê? Por que na música, a forma e a substância são uma coisa só, não podem ser separadas. Assim, a melodia ou qualquer peça musical é um "modelo de sons e pausas que se desdobram no tempo". E que o crítico austríaco Hanslick disse que a música é o idioma que podemos usar, que podemos entender, mas que somos incapazes de traduzir. Assim, a música teria uma espécie de perfeição, de unidade nesta sua impossibilidade de ser traduzida. Ela seria em si mesma. No entanto esta intradutibilidade da música não quer dizer que ela não tenha sentido, mas que seu sentido está em si mesma, não passa pelo filtro da palavra.

Vejamos agora as relações que se estabelecem entre música e poesia, quer na musicalidade da poesia, quer na relação entre letra e melodia, no caso da canção.

Em "A Música da Poesia"[21], T. S. Eliot nos dá alguns elementos para pensarmos a presença da música no texto poético. Ele diz que a música da poesia não existe à margem do significado da palavra:

> Pode parecer estranho que, quando admito estar escrevendo sobre "música" da poesia, ponha eu tanta ênfase na palestra. Mas gostaria de lembrar-lhes, antes de mais nada, que a música da poesia não é algo que existe à margem do significado. Do contrário, poderíamos ter poesia de grande beleza musical que não fizesse sentido, e jamais me deparei com tal poesia. As aparentes exceções revelam apenas uma diferença de grau: há poemas

---

20. Umberto Eco, "Necessidade e Possibilidades nas Estruturas Musicais", *A Definição da Arte*, p. 164.
21. T. S. Eliot, "A Música da Poesia", *De Poesia e Poetas*, p. 43.

nos quais somos inebriados pela música e admitimos o sentido como correto, assim como há poemas nos quais prestamos atenção ao sentido e somos envolvidos pela música sem que nos apercebamos[22].

Para Eliot, a música é um dos elementos constituintes da poesia; é seu aspecto sonoro. Ele usa o termo "música" para se referir à sonoridade da linguagem poética. Esta musicalidade da poesia pode ser mais ou menos explícita, acentuada; de qualquer modo, estará sempre presente e estará sempre ligada à linguagem verbal e, portanto, ao sentido.

Para ele, a poesia está sempre próxima da fala, da linguagem do dia a dia:

> Mas há uma lei da natureza mais poderosa do que quaisquer tendências variadas, ou influências vindas de fora ou do passado: a lei é de que a poesia não deve se afastar demasiado da língua comum de cada dia, que usamos e ouvimos. Seja a poesia rítmica ou silábica, rimada ou não rimada, formal ou livre, ela não pode se dar ao luxo de perder o contato com a linguagem mutante da conversação ordinário[23].

Há em Eliot uma relação visceral entre a poesia e a fala: o vigor, a vivacidade da poesia, o que a pode tornar expressiva é a sua relação íntima com a fala, a proximidade da poesia com a língua viva. Mas, se por um lado, a linguagem da poesia deve estar intimamente ligada à linguagem falada, por outro, a poesia consegue exprimir mais do que ela:

> É um lugar-comum observar que o significado de um poema escapa à possibilidade de parafraseá-lo. Não é absolutamente tão comum salientar

---

22. *Idem, ibidem.*
23. *Idem*, p. 42.

que o significado de um poema pode ser algo mais amplo do que conscientemente pretendeu seu autor; e algo distante de suas origens[24].

A poesia transcende a linguagem falada, pois transcende a intenção de seu autor e de sua própria origem. Mas, ainda que a poesia transmita mais do que a linguagem falada, ela permanece indissoluvelmente ligada à ela:

> Assim, embora a poesia tente transmitir além do que pode ser transmitido pelos ritmos da prosa, ela permanece, não obstante, como uma pessoa falando com outra; e isto é igualmente verdadeiro se você canta, pois cantar é outro modo de falar[25].

Assim como a poesia está próxima da fala, o canto, para ele, também está. Quer dizer, mesmo havendo a elaboração de uma melodia, que tem linguagem própria, tecida da relação entre os sons, ainda assim, ao se unir a uma letra é sempre o sentido da palavra que irá se sobressair.

Mas nem toda poesia é musical e a música não é mais do que um elemento da poesia: "Seria um erro, entretanto, admitir que toda poesia deva ser melodiosa, ou que a melodia seja mais que um dos elementos constituintes da música das palavras"[26].

Quando Eliot fala da música da poesia, nunca está falando do som musical puro, separado do sentido, mas sim da musicalidade inerente à palavra, do som ligado ao sentido:

> E se alguém objetar que se trata apenas de som puro, divorciado do sentido, ao qual o adjetivo "musical" pode ser corretamente aplicado, só me

---

24. *Idem*, p. 44.
25. *Idem*, p. 45.
26. *Idem*, p. 46.

cabe repetir o que já disse antes, ou seja, que o som de um poema é tanto uma abstração do poema quanto do sentido[27].

Franklin de Oliveira, na "Nota Preliminar" ao "Itinerário de Pasárgada", de Manuel Bandeira, diz que o principal mérito desta obra, "história da formação de uma inteligência poética e não apenas relato de uma vida de poeta"[28], é a clareza na colocação da questão das relações entre a literatura e a música. Nesta obra, Bandeira circunscreve a questão da musicalidade à poesia e dá a ela uma nova dimensão, pois, até então, a musicalidade do verso era reconhecida quando se manifestava de forma bem audível.

Manuel Bandeira veio mostrar com sua poesia contida, seca, de ácido sabor mas inundada de ternura, a possibilidade de existência de uma resolução ou solução musical tanto mais fina quanto menos ostensiva. Uma musicalidade interna[29].

Escreve Bandeira:

Cedo compreendi que o bom fraseado não é o fraseado redondo, mas aquele em que cada palavra está no seu lugar exato e cada palavra tem uma função precisa, de caráter intelectivo ou puramente musical, e não serve senão a palavras cujos fonemas fazem vibrar cada parcela da frase por suas ressonâncias anteriores e posteriores[30].

A "musicalidade subentendida" de Bandeira não decorre da estrutura do poema poder ser elaborada com os princípios de al-

---

27. *Idem*, p. 48.
28. Franklin de Oliveira, "Nota Preliminar" em "Itinerário de Pasárgada", em Manuel Bandeira, *Poesia Completa e Prosa*, p. 29.
29. Manuel Bandeira, "Itinerário de Pasárgada", *Poesia Completa e Prosa*, p. 30.
30. *Idem*, p. 50.

gumas estruturas musicais, como é o caso de "Four Quartets", de Eliot, onde, cada quarteto se dispõe de tal forma que sugere a de uma sonata; ela decorre isto sim, "da natureza intrínseca da emoção poética"[31].

Esta musicalidade intrínseca da emoção poética é composta pela unidade entre o sentido, a sonoridade e o ritmo.

Se é verdade que a "musicalidade subentendida", resultante da emoção poética, predomina nas criações de Manuel Bandeira, é também verdade ele criou poemas de musicalidade explícita, como "Berimbau", onde o som do poema imita o som do instrumento:

Os aguapés dos aguaçais
Nos igapós dos Japurás
Bolem, bolem, bolem[32].

Neste poema, é como se estivéssemos ouvindo alguém tocando um berimbau. No célebre "Os Sapos", declamado na Semana de Arte Moderna de 22, a sonoridade dos versos "– Não foi! – Foi! – Não foi!"[33], imita o coaxar dos sapos.

Bandeira teve muitos de seus poemas musicados e também escreveu versos para melodias. Dentre seus parceiros estão Jaime Ovalle, Villa-Lobos, Camargo Guarnieri, Radamés Gnattali, Mignone. Talvez uma das coisas que provocou a afinidade que os músicos sentiam com sua poesia se deva à musicalidade mais livre de seus versos, à "musicalidade subentendida" que permite ao músico maior liberdade de criação.

A este respeito, diz o crítico musical Andrade Muricy:

---

31. Franklin de Oliveira, *op. cit.*, p. 31.
32. Manuel Bandeira, "O Ritmo Dissoluto", *Poesia Completa e Prosa*, p. 196.
33. Manuel Bandeira, "Carnaval", *op. cit.*, pp. 158-159.

Os músicos sentem que poderão inserir sua musicalidade – de música propriamente dita – naquela musicalidade subentendida, por vezes inexpressa, ou simplesmente indicada. Percebem que a sua colaboração não irá constituir uma superestrutura, mas que se fundirá com a obra poética, intimamente[34].

Comentando isto, Bandeira escreve:

Há nessas palavras do crítico uma nota preciosa: é quando ele fala na musicalidade – da música propriamente dita – inserida na musicalidade subentendida, por vezes inexpressa ou simplesmente indicada da poesia. A isso eu já havia chegado em minhas reflexões, estudando a música a que os meus versos serviram de texto. Foi vendo a "musicalidade subentendida" dos meus poemas desentranhada em "música propriamente dita", que compreendi não haver verdadeiramente música num poema, e que dizer que um verso canta é falar por imagem singular[35].

Bandeira faz aqui a distinção entre a "música propriamente dita" e a "musicalidade do poema": a musicalidade subentendida do poema sugere várias possibilidades de composição de "música propriamente dita". A "musicalidade subentendida" do poema acentua a possibilidade de criação de diferentes melodias para um mesmo texto: "Azulão" foi composto para uma melodia de Jaime Ovalle e, depois, teve mais duas versões musicais, a de Camargo Guarnieri e a de Radamés Gnattali. Diz Bandeira:

A "musicalidade subentendida" poderia ser definida por outro músico noutra linha melódica. O texto será um como que baixo-numerado contendo em potência numerosas melodias[36].

---

34. Manuel Bandeira, "Itinerário", p. 68.
35. *Idem*, pp. 68 e 71.
36. *Idem*, p. 71.

Citando Mário de Andrade, Bandeira concorda quando Mário diz, em *Pequena História da Música*, que apesar de todos afirmarem que a música é "escrava da palavra", a verdade é que ela se tornou uma "escrava despótica": "Não deixa a palavra falar por si. Quer sublinhar o sentido dela por meio de intervalos melódicos, dos ritmos, harmonias e timbres"[37].

Manuel Bandeira não acha que a música tenha alguma vez deixado a palavra "falar por si". E sintetiza a questão: "É que por maiores que sejam as afinidades entre as duas artes, sempre as separa uma espécie de abismo"[38].

A música da palavra é diferente da palavra cantada, pois nesta a música, "escrava despótica", penetra na expressão e interfere na construção do sentido. Somente com a música a palavra canta: "Nunca a palavra cantou por si, e só com a música pode ela cantar verdadeiramente"[39].

CANTO E FALA: LUIZ TATIT, MÁRIO DE ANDRADE, JOSÉ MIGUEL WISNIK E JEAN-JACQUES ROUSSEAU

Em *O Cancionista*, Tatit conta que ouvindo Gilberto Gil cantando *Minha Nega na Janela*, teve um *insight*: "era o Gil falando sobre os acordes percussivos de seu violão"[40]. Havia naquele canto uma desordem geral, própria da fala; a melodia era totalmente atrelada ao texto, havia pouca reiteração e nenhuma sustentação vocálica. Havia apenas a pulsação regular, que era mantida pelo

---

37. Mário de Andrade, *Pequena História da Música*, citado por Manuel Bandeira, "Itinerário de Pasárgada", p. 71.
38. *Idem, ibidem*.
39. *Idem, ibidem*.
40. Luiz Tatit, *O Cancionista, Composição de Canções no Brasil*, pp. 12-13.

instrumento e por alguns acentos do canto, e que assegurava a construção do samba. Afora isto, era "a fala solta"[41]. A partir daí, ele passou a ver a canção como "uma fala camuflada em tensões melódicas". Então, o centro de sua reflexão sobre a canção deslocou-se para fora da música e da poesia, ainda que ambas participem das etapas de criação: "Passei a enxergar a canção como produto de uma dicção. E mais que pela fala explícita, passei a me interessar pela fala camuflada em tensões melódicas"[42].

O cancionista, diz ele, camufla habilmente as marcas da entoação criando tensões melódicas. A entoação revela o cantor como falante e, assim, despe-o de seu encanto e o aproxima do ouvinte, nivelando-os. A tensão melódica age em sentido inverso: faz do artista um ser diferenciado, que vai ser personalizado, reconhecido e, às vezes, imortalizado pelo seu timbre. A ampliação da voz e sua equalização junto aos instrumentos também atuam no sentido de diferenciar o cantor do ouvinte, vestindo-o de um encanto, de uma magia necessários à figura do cantor. A definição do tipo de conteúdo investido no desenho melódico irá depender do tratamento que o cantor vai dar à frequência e à duração das notas que compõem o desenho, as frases. O cancionista investe seus sentimentos e sua afetividade nos contornos melódicos.

A diferença entre a voz que fala e a voz que canta foi abordada por Mário de Andrade, no ensaio "Os Compositores e a Língua Nacional". Mário diz que o canto e a poesia vivem em luta. E poesia, aqui, designa o conjunto das artes da palavra, quer em verso, quer em prosa. Bem, e que luta é esta? Diz ele que ambas as artes parecem fundir-se numa base comum: o rit-

---

41. *Idem*, p. 12.
42. *Idem, ibidem*.

mo. Mas é esta base comum o que as afasta, já que cada qual desenvolveu seu ritmo próprio:

> No entanto é justamente o ritmo que mais as põe em mútua oposição, pois cada uma das duas artes gêmeas adquiriu ritmo próprio, idênticos um e outro mas profundamente desiguais, um derivado, no canto, do puro dinamismo fisiopsíquico e outro, na poesia, dos processos de pensar por meio de palavras[43].

Além do ritmo, diz Mário, outros motivos provocam a luta entre o canto e a poesia. Um deles é o fato de a voz humana ser um instrumento de sopro. O arco e a lira: o arco primitivo era instrumento de morte e de música. Atirando a flecha, o arco servia ao homem para caçar; dedilhado, produzia sons musicais:

> Como o arco primitivo, o instrumento vocal (que aliás também é mortífero...), tem dois destinos profundamente dissemelhantes: a palavra e a música. Como o arco que vibra tanto pra lançar longe a flecha como pra lançar perto o som: a voz humana tanto vibra pra lançar perto a palavra como pra lançar longe o som musical. E quando a palavra falada quer atingir longe, no grito, no apelo e na declamação, ela se aproxima caracteristicamente do canto e vai deixando aos poucos de ser instrumento oral para se tornar instrumento musical. A voz humana quanto oral ou musical, tem exigências e destinos diferentes[44].

Há um conflito entre a voz falada e a voz cantada, que é originado pelo conflito que existe entre poesia e música:

> A voz cantada quer a pureza e a imediata intensidade fisiológica do som musical. A voz falada quer a inteligibilidade e a imediata intensidade

---

43. Mário de Andrade, "Os Compositores e a Língua Nacional", *Aspectos da Música Brasileira*, p. 32.
44. *Idem, ibidem*.

psicológica da palavra oral. Não haverá talvez conflito mais insolúvel. A voz cantada atinge necessariamente a nossa psique pelo dinamismo que nos desperta no corpo. A voz falada atinge também, mas desnecessariamente, o nosso corpo pelo movimento psicológico que desperta por meio da compreensão intelectual. Dois destinos profundamente diversos, para não dizer opostos[45].

Comentando Mário de Andrade, Tatit diz que a voz cantada não perde a sua inteligibilidade, pois se isso acontecesse, não saberíamos de que fala determinada canção. Mário de Andrade pensa em termos de música erudita, diz ele. E aí há mesmo uma forte tendência em se transformar a voz em instrumento musical. No caso da canção popular brasileira este caminho nunca foi seguido, pois um de seus elementos é exatamente o reconhecimento da voz que fala no interior da voz que canta, é o reconhecimento do "dono da voz". Por trás dos recursos técnicos, brilha a gestualidade oral que distingue o cancionista e que está inscrita na entoação particular de sua fala.

Continuando a refletir sobre o movimento que transforma a voz que fala na voz que canta, Tatit cita José Miguel Wisnik:

> O cantor apega-se à força do canto, e o cantor faz nascer uma outra voz dentro da voz. Essa, com que falamos, é muitas vezes a emissão de uma série de palavras sem desejo, omissões foscas e abafadas num corpo retraído, voz recortada pela pressão do princípio de realidade. Independente da intimidação da voz que fala, a fala mesma é dominada pela descontinuidade aperiódica da linguagem verbal, ela nos situa no mundo, recorta-o e nos permite separar sujeito e objeto, à custa do sistema de diferenças que é a língua. No entanto, o canto potencia tudo aquilo que há na linguagem, não de diferença, mas de presença. E presença é o corpo vivo: não as distinções abstratas dos fonemas, mas a substância viva do som, força do corpo que

---

45. José Miguel Wisnik citado por Luiz Tatit, *O Cancionista*, p. 15.

respira. Perante a voz da língua, a voz que canta é liberação: o recorte descontínuo das sucessivas articulações cede vez ao *continuum* das durações, das intensidades, do jogo das pulsações; as ondas menos periódicas de voz corrente dão lugar ao fluxo do sopro ritualizado pela recorrência[46].

A voz da voz: a voz que canta dentro da voz que fala, a voz que fala dentro da voz que canta. A voz que fala interessa-se pelo que é dito; a voz que canta, pelo modo de dizer. A voz que fala é efêmera, tem natureza utilitária e imediata: ela ordena uma experiência, transmite-a e, então, desaparece. Tem vida sonora breve e sua função é dar formas instantâneas a conteúdos abstratos. O importante aqui é que os conteúdos abstratos sejam compreendidos. O material sonoro é descartável e é por isso que a melodia da fala não se estabiliza, não se repete e não tem autonomia.

Da fala ao canto, continua Tatit, há um processo geral de corporificação: da forma fonológica passa-se à substância fonética. Mas, se por um lado, a sonoridade da canção é corporificada, por outro, a substância sonora que é conservada, a sonoridade da canção, não é menos densa, mais etérea, em comparação ao som fosco da fala? O som que contém harmônicos e durações definidas, que é mais elaborado, o som musical, não é mais sutil, mais etéreo? Não há na linguagem falada uma aspereza que é sutilizada e se torna leve no canto, em decorrência do trabalho sonoro que a melodia faz? Há aqui um paradoxo da voz cantada: ao mesmo tempo em que ela corporifica a linguagem, pois a sonoridade da canção é conservada, ela a sutiliza, graças ao trabalho que o canto faz na sua sonoridade.

A voz articulada do intelecto converte-se em expressão do corpo que sente. A desorganização da fala ganha peridiocidade, sentido próprio e se repete num movimento cíclico, como

---

46. *Idem*, p. 12.

num ritual, onde o tempo do rito-canção se sobrepõe ao tempo cronológico, instaurando um momento de fruição estética. O que era breve torna-se perene. A voz do cancionista surge como extensão de seu próprio corpo e esta voz corporificada e personalizada é seu timbre, cuja intensidade é tonalizada pela carga afetiva da interpretação.

Diz Tatit:

> A voz que canta prenuncia, para além de um certo corpo vivo, um corpo imortal. Um corpo imortalizado em sua extensão timbrística. Um corpo materializado nas durações melódicas. É quando o cancionista ultrapassa a realidade opressora do dia a dia, proporcionando viagens intermitentes aos seus ouvintes. É quando o cancionista tem o poder de aliviar as tensões do cotidiano, substituindo-as por tensões melódicas, em que só se inscrevem conteúdos afetivos ou estímulos somáticos. [E continua]: A voz que fala, esta sim, prenuncia o corpo vivo, o corpo que respira, o corpo que está ali, na hora do canto. Da voz que fala emana o gesto oral mais corriqueiro, mais próximo da imperfeição humana. É quando o artista parece gente. É quando o ouvinte se sente também um pouco artista[47].

É neste ponto de intersecção entre a fala e o canto, diz Tatit, entre o cotidiano e o sublime, que se insere a canção e o cancionista.

O sentimento do sublime é um sentimento de grandeza, de infinitude. É algo que transcende, que não tem limites, que não podemos abarcar. Assim como a vida, a natureza, o mar e o céu. Este sentimento de grandeza se choca com o de banalidade e, deste atrito, nasce a emoção poética. Manuel Bandeira quando fala da poesia do cotidiano, do poético "desentranhado" do cotidiano nos fala disto. Podemos pensar em como, dependendo de nosso olhar, percebemos o infinitamente grande no infinitamen-

---

47. Luiz Tatit, *O Cancionista*, p. 16.

te pequeno. Quando uma canção nos comove, mesmo falando de coisas banais, parece que é isto o que acontece: o poeta ilumina a realidade opaca com seu olhar sublime.

O cancionista vive "a voz da voz" em seu duplo sentido: a voz que canta dentro da voz que fala e a voz que fala dentro da voz que canta. Tatit cita o linguista Nicolas Ruwet, que esclarece e enriquece a questão da relação entre a fala e o canto. Ruwet alerta para o fato de que a voz humana nunca será um instrumento como os outros, pois a voz é para o homem, antes de tudo, o instrumento da fala e, no momento em que ela aparece na música, a linguagem já está presente nela, ainda que o canto seja incompreensível: "... jamais, por assim dizer, a música vocal pode prescindir do suporte das palavras: parece impossível ver na voz um instrumento como os outros"[48]. Enfim, o que Ruwet nos diz é que ainda que no canto a presença da linguagem falada não esteja de modo explícito, ela está implícita: não seria possível ignorar a voz que fala dentro da voz que canta; a voz que fala seria como que a semente, o elemento fundador da voz que canta.

Jean-Jacques Rousseau, em seu *Ensaio Sobre a Origem das Línguas*, vê a relação entre a fala e o canto de modo diferente: para ele, a voz que canta é o elemento fundador da voz que fala. E vejamos como ele desenvolve este pensamento.

Diz ele que "A palavra distingue o homem entre os animais"[49] e que sendo "a primeira instituição social, deve ela sua forma a causas naturais"[50]. Ele vai tratar da gênese da linguagem, mas já nos adiantou que a sua origem é natural.

---

48. Nicolas Ruwet, citado por Luiz Tatit, *O Cancionista*, p. 16.
49. Jean-Jacques Rousseau, *Ensaio Sobre a Origem das Línguas*, p. 109.
50. *Idem, ibidem.*

No momento em que um homem foi reconhecido por um outro como um ser sensível, pensante e semelhante a ele, o desejo ou a necessidade de comunicar-lhe os próprios sentimentos e os próprios pensamentos fez com que procurasse os meios de fazê-lo. Esses meios somente podem ser extraídos dos sentidos, os únicos instrumentos através dos quais um homem pode agir sobre outro. Eis, portanto, a instituição dos sinais sensíveis para expressar o pensamento. Os inventores da linguagem não fizeram tal raciocínio, mas o instinto sugeriu-lhes a consequência[51].

Estes meios pelos quais podemos agir sobre os sentidos do outro, diz ele, são dois: o movimento e a voz, o gesto e a fala. Tanto a linguagem do gesto quanto a linguagem da voz são naturais, mas a primeira é mais fácil e menos dependente de convenções. A linguagem do gesto, diz Rousseau, tem sua origem na necessidade enquanto que a linguagem da voz tem sua origem nas paixões: "se sempre tivéssemos tido apenas necessidades físicas, teríamos perfeitamente podido não falar nunca e nos entenderíamos muito bem apenas com a linguagem do gesto"[52]. E continua: "É presumível portanto que as necessidades tenham ditado os primeiros gestos e as paixões tenham arrancado as primeiras vozes"[53].

E, continua ele,

Não foi a fome nem a sede mas o amor, o ódio, a piedade, a cólera que lhe arrancaram as primeiras vozes. Os frutos não fogem de nossas mãos, deles é possível alimentar-se sem falar; persegue-se em silêncio a presa que se quer comer: porém, para comover um jovem coração, para repelir um agressor injusto, a natureza dita acentos, gritos, lamentos. Eis as mais anti-

---

51. *Idem, ibidem.*
52. *Idem*, p. 113.
53. *Idem*, p. 116.

gas palavras inventadas e eis por que as primeiras línguas foram cantantes e apaixonadas antes de serem simples e metódicas[54].

Seguindo este percurso, Rousseau vai dizer que a primeira língua, fruto das paixões, além de ser uma língua figurativa, já que nasce de um confronto emocional de um homem com o outro e que a emoção altera e deforma nossas impressões, seria, em sua origem, uma língua cantada, formada por sons vocálicos, inarticulados, por lamentos, gritos de dor ou de gozo, exclamações: "cantar-se-ia em lugar de falar, a maioria das palavras radicais seria feita de sons imitativos, de acentos das paixões ou de efeitos dos objetos sensíveis: a onomatopéia far-se-ia sentir continuamente"[55].

Rousseau diz que o canto nasce antes da fala articulada. Sem palavras e sem frases, as primeiras vozes humanas seriam a expressão dos desejos e dos medos. Para Rousseau, a linguagem falada nasce deste canto primitivo, sons sem palavras, voz inarticulada das paixões.

54. *Idem*, p. 117.
55. *Idem*, p. 121.

BIBLIOGRAFIA

AGUIAR, Joaquim. *A Poesia da Canção*. São Paulo, Scipione, 1998.
ANDRADE, Mário. *Aspectos da Música Brasileira*. Belo Horizonte, Vila Rica, 1991.
_____. *Pequena História da Música*. São Paulo, Livraria Martins, 1977.
_____. *Dicionário Musical Brasileiro*. Belo Horizonte, Itatiaia, 1989.
ARRIGUCCI Jr., Davi. *A Poesia de Manuel Bandeira. Humildade, Paixão e Morte*. São Paulo, Companhia das Letras, 1990.
BANDEIRA, Manuel. *Poesia Completa e Prosa*. Rio de Janeiro, Aguilar, 1977.
_____. *Poesia e Prosa*. Vol. II: *Poesia e Verso*. Rio de Janeiro, Aguilar, 1958.
BENJAMIN, Walter. *Obras Escolhidas*. Vol. I: *O Narrador*, São Paulo, Brasiliense, 1996.
BOSI, Alfredo (org.). *Leitura de Poesia*. São Paulo, Ática, 1996.
CABRAL, Sérgio. *As Escolas de Samba do Rio de Janeiro*. Rio de Janeiro, Lumiar, 1998.
CANDIDO, Antonio. "No Raiar de Clarice Lispector". *Vários Escritos*. São Paulo, Duas Cidades, 1970.
_____. *A Educação Pela Noite e Outros Ensaios*. São Paulo, Ática 1987.
_____. "A Dialética da Malandragem". *O Discurso e a Cidade*. São Paulo, Duas Cidades, 1998.

COUTINHO, Eduardo Granja. *Velhas Histórias, Memórias Futuras*. Rio de Janeiro, UERJ, 2002.

DICIONÁRIO DE MÚSICA. Org. Alan Isaacs, Eliza Beth Martin. Trad. Álvaro Cabral. Rio de Janeiro, Jorge Zahar, 1985.

ECO, Umberto. "Necessidade e Possibilidade nas Estruturas Musicais". *A Definição da Arte*. Lisboa, Edições 70, 1986.

ELIOT, T. S. "A Música da Poesia", "As Três Vozes da Poesia". *De Poesia e Poetas*. São Paulo, Brasiliense, 1991.

ESPINOSA, Baruch de. *Ética*. Livro III: *Da Origem e da Natureza das Afecções*. São Paulo, Abril, 1983.

FREYRE, Gilberto. *Casa-Grande e Senzala*. Rio de Janeiro/São Paulo, Record, 1999.

HERÁCLITO. *Fragmentos Contextualizados*. Trad. Alexandre Costa. Rio de Janeiro, Difel, 2002.

KAYSER, Wolfang. *Análise e Interpretação da Obra Literária*. Coimbra, Armenio Amado, 1985.

LISPECTOR, Clarice. *A Paixão Segundo G.H.* Rio de Janeiro, Editora Sabiá, 1964.

LLOSA, Mario Vargas. *A Casa Verde*, seguida de *História Secreta de um Romance*. Rio de Janeiro, Nova Fronteira, 1977.

MÁXIMO, João. *Paulinho da Viola, Perfis do Rio*. Rio de Janeiro, Relume Dumará, 2002.

MERLEAU-PONTY, Maurice. *A Linguagem Indireta e as Vozes do Silêncio*. São Paulo, Abril, 1980.

_____. "O Ser-para-si e o Ser-no-mundo". *Fenomenologia da Percepção*. São Paulo, Martins Fontes, 1996.

MELO, Zuza Homem de & SEVERIANO, Jairo. *A Canção no Tempo*. São Paulo, 34, 1997.

ROUSSEAU, Jean-Jacques. *Ensaio Sobre a Origem das Línguas*. Campinas, Unicamp, 1998.

SANDRONI, Carlos. *Feitiço Decente*. Rio de Janeiro, Jorge Zahar, UFRJ, 2001.

SARTRE, Jean-Paul. *Que É a Literatura?* São Paulo, Ática, 1999.

_____. *A Náusea*. Rio de Janeiro, Nova Fronteira, s/d.

SODRÉ, Muniz. *Samba, o Dono do Corpo*. Rio de Janeiro, Mauad, 1998.

BIBLIOGRAFIA

TATIT, Luiz. *O Cancionista, Composição de Canções no Brasil*. São Paulo, Edusp, 1996.

_____. *O Século da Canção*. Cotia (SP), Ateliê Editorial, 2008.

TINHORÃO, José Ramos. *Pequena História da Música Popular: da Modinha ao Tropicalismo*. São Paulo, Art Editora, 1986.

VALÉRY, Paul. *Variedades*. São Paulo, Iluminuras, 1991.

VIANNA, Hermano. *O Mistério do Samba*. Rio de Janeiro, Jorge Zahar, 1995.

WISNIK, José Miguel. *O Som e o Sentido*. São Paulo, Companhia das Letras, 1998.

_____. "Cajuína Transcendental". In: BOSI, Alfredo. *Leitura de Poesia*. São Paulo, 1996.

_____. *Sem Receita*. São Paulo, Publifolha, 2004.

WHITMAN, Walt. *Canto de Mim Mesmo*. Lisboa, Assírio & Alvim, 1999.

Discografia

Paulinho da Viola

Na Madrugada – Paulinho da Viola e Elton Medeiros. RGE, 1966.

Paulinho da Viola. Emi-Odeon, 1968.

Foi um Rio que Passou em Minha Vida, 1970.

Paulinho da Viola. Emi-Odeon, 1971.

Paulinho da Viola. Emi-Odeon, 1971.

A Dança da Solidão. Emi-Odeon, 1972.

Nervos de Aço. Emi-Odeon, 1973.

Paulinho da Viola. Emi-Odeon, 1975.

Memórias Cantando. Emi-Odeon, 1976.

Memórias Chorando. Emi-Odeon, 1976.

Paulinho da Viola. Emi-Odeon, 1978.

Bebadosamba. BMG, 1996.

Bebadachama. BMG, 1997.

Título	Ensaiando a Canção: Paulinho da Viola e Outros Escritos
Autora	Eliete Eça Negreiros
Editor	Plinio Martins Filho
Produção editorial	Aline Sato
Capa	Daniela Fujiwara
Foto da capa	Marcos Hermes
Foto da contracapa	Mallu Magalhães
Editoração eletrônica	Daniela Fujiwara
	Luciana Milnitzky
Revisão	Plinio Martins Filho
Formato	14 × 21 cm
Tipologia	Minion Pro
Papel	Cartão Supremo 250 g/m^2 (capa)
	Pólen Soft 80 g/m^2 (miolo)
Número de páginas	224
Impressão e acabamento	Gráfica Vida e Consciência